西藏江孜

1904年抗英斗争的历史记忆

李国柱　编

中国藏学出版社

百年祭奠（代序）

今年是江孜抗英100周年。中国藏学出版社决定出版上个世纪50年代中共江孜分工委组织李国柱、吉普·平措次登等人收集、整理、翻译的《西藏江孜：1904年抗英斗争的历史记忆》，这是很有意义的事情。在50年前的西藏，亲自参加和目睹过这场抗英斗争的还大有人在，人们对这场血腥战争的历史记忆犹新，关于这场战争的档案文献随手可得，所以是访问、调查、收集并组织翻译这些口头材料和书面文献的绝好时机。现在，把这些宝贵的材料结集，正式出版发行，不仅能为希望了解这段历史的人们提供非常真实而可信的珍贵的原始材料，也为我们正在开展的“四观两论”[①]教育提供了生动的教材；同时，是对抗英斗争100周年的最好纪念，是对抗英英雄们的最好祭奠。

据李国柱同志讲，由于当时西藏形势的变化，原定计划未能完全实现。但是，当年中共江孜分工委的这个决定是非常正确和富有远见的，参与这项工作的同志付出的艰辛劳动和大量心血是

① 指马克思主义祖国观、马克思主义民族观、马克思主义宗教观、马克思主义文化观；马克思主义唯物论、马克思主义无神论。——编注

有价值的。正因如此，今天我们才可以享用他们的劳动成果，可以借此重温先辈们的可歌可泣的英雄事迹，景仰他们的浩然正气。该史料集收集了包括西藏地方政府抗英动员令等历史档案，收集了各地参战人员名单及其装备情况等重要材料，收集了具体的军事部署和战备情况等相关史料，收集了抗英有功人员立功受奖名单和事迹等各方面材料，称得上是史料翔实，文笔流畅，内容丰富，感人肺腑。

作为江孜人，我从小就生活在这场战争中的抗英遗址——宗山脚下。在孩提时代，我就听说过许许多多抗英故事。抗英斗争的画面像电影一样经常浮现在我的眼前，英雄们的豪言壮语经常回荡在我的耳边，他们的高贵气节始终激励着我勿忘雪耻。我曾经是吉普·平措次登先生家的农奴，曾经了解到吉普·平措次登先生的爷爷在抗英斗争中的表现。正如恰白先生所著的《西藏简明通史》中所记载的：藏历木龙年（1904 年）元月十五日早晨，英军捎来举行谈判的信件，并向春丕谷方向前进。藏军代本拉顶色、囊色林巴、江孜如本吉普巴等即商议，决定先派人同英军谈判。三人和九世班禅的代表苏本堪布苏康努等代表我方和以荣赫鹏为首的英方代表在春丕谷中央一处石堆墙内进行谈判。当时，阴险凶狠的英国侵略军暗地里把部队埋伏在藏军周围。荣赫鹏提出，既然要议和，就应有和谈的条件，要求藏军熄灭火枪的点火捻子，声明英军会将子弹退出枪膛。我方代表未能识破敌人的阴谋，熄灭了土枪的点火捻子。当和谈进行了 15 分钟时，英方一位军官突然掏出手枪向拉顶色、囊色林巴等我方代表开枪。站在远处的仆人们听见枪声，喊杀着扑向英军，当场砍杀包括 1 名营长、1 名连长和 1 名排长在内的十余名英军官兵。西藏地方代表囊色林巴，班禅大师代表苏本堪布苏康努，1 名三大寺代表和藏军如本康萨尔瓦当场牺牲，另外还有 500 多名藏军被打死，200 多人受伤，死伤藏军的武器被全部掳走。代本拉顶色因受伤而在死尸堆中装死，后因有人告密，在逃跑时被英军的炮弹击中，壮烈牺牲。当天夜里，侥幸生还的其他藏军逃离此地。如本吉普巴因脚部受伤不能跑动，仆人发现后，背着他逃跑。另一名受伤的如本登巴也被一名士兵舍死救出阵地。抵达吉普家所属的恰鲁庄园时，如本吉普巴急忙派信差向西藏地方政府报告事情的经过，并向藏军发出通告，要求做好防御准备。藏军在撤退途中与英军发生了多次的遭遇战，又死伤 700 多人。这里所说的如本吉普巴就是吉普・平措次登的爷爷吉普・索朗旺堆。

这是一段令人难以忘怀的、血淋淋的历史，对藏族和整个中华民族而言，都是刻骨铭心的奇耻大辱。它告诉我们许多，也让人们懂得许多。

首先，我们从中看到了藏族人民的爱国主义优良传统。从两次抗英的历史事实中，可以清楚地看到，藏族人民之所以奋起抗战，正是基于对祖国的热爱、家园的热爱，对生活和文化的热爱。正因为有了这样的爱，他们才在抗击外敌入侵的旗帜下，纷纷响应政府号召，来到抗英第一线。在抗英战士中，既有后藏的民兵、前藏的民兵，也有西藏其他地方的民兵；既有俗人民兵，也有僧人民兵。他们不分地域，不分职业，不分出身，同仇敌忾，万众一心，抵御外来的侵略者。在同入侵者开战之前，雪域高原发出同一个声音："勿让洋人染指我疆土"；在被迫奋起抗战的时候，高原儿女发出同一个誓言：纵令"男尽女绝，也要把洋人赶出国门之外"；当抗击侵略者的战斗因力量过于悬殊而失败的时候，藏族人民只有一个信念：“祖国会帮我们赶走洋人”。其赤诚之心溢于言表。同时，我们从这场血雨腥风的抗英战争中，深深地感受到高原儿女不畏强暴、宁死不屈的英雄主义气概，感受到藏族人民勤劳、勇敢和智慧的品质。抗英战士中年龄最小的只有 16 岁，年龄最大的有六旬老人。虽然他们手中只有火枪和藏刀，甚至只有最原始的“乌朵”——一种羊毛编制的抛石器，虽然他们面对狡诈、凶残，用当时最现代的装备武装起来的敌人，但是，他们并没有被吓倒，没有畏惧，没有退却；相反，他们不怕牺牲，英勇奋战，用工布大刀血战乃宁寺，死守江孜门户，夜袭江洛布，让敌军统帅胆战心惊，写下了高原儿女气壮山河的悲壮史诗。

其次，我们从中看到，不学习掌握现代科学技术，就要被动挨打，备受屈辱。100 年前，参加抗英战争的高原儿女们从各自所在的庄园奔赴前线（据介绍如本吉普巴是从自己的谿卡带领 500 人参加战斗的），抱着虔诚的心愿，带着护身符的神力，踏上抗击侵略者的征途。虽然他们无所畏惧，英勇顽强，前赴后继，但是许多人最终为国捐躯。因为，他们不知道眼前的敌人用的是现代化武器，不知道敌人的枪是不需要用捻子点火的，敌人的大炮是可以远距离射击的，敌人的“千里眼”是可以从遥远的地方看人行踪的；他们更不知道帝国主义是不讲“道理”的，是不讲仁慈、友善，只讲实力，只讲谋略，只讲利益的。在残酷的战争面前，我们的英雄儿女们最终难逃被欺骗、被侮辱、被践踏和被杀戮的命运。藏族人民虽有悠久的历史和灿烂的文化，但在现代科学技术武装起来的帝国主义面前，显得苍白无力。这是血的教训，永远值得我们铭记。

再次，我们从中看到，藏族人民的命运和祖国的盛衰是紧密相连的。从鸦片战争开始，我们的祖国就被列强入侵，逐渐陷入了国力日衰，内忧外患，民不聊生，灾难深重的境地。清朝中央政府面对张牙舞爪的帝国主义的侵略行径，软弱无能，步步退让，甚至卑躬屈膝，丧权辱国。在西藏各族人民第二次抗击英国侵略的全过程中，朝廷一直采取了不予支持、阻挠、设置障碍的态度，致使如火如荼的抗英斗争以惨败和屈辱告终。历史证明，只有在中国共产党的领导下，中国各族人民才能驱逐帝国主义势力，中华民族才能真正站起来，屹立在世界的东方。

新中国成立以后，我们的国力蒸蒸日上，社会发生了翻天覆地的变化，人民的生活水平提高，综合国力增强，国际地位提升，各族人民扬眉吐气。现在，在邓小平理论和“三个代表”重要思想的指引下，在以胡锦涛同志为总书记的党中央领导下，全国各族人民正迈着矫健的步伐，向着全面建设小康社会的宏伟目标奋进。西藏人民从来没有像今天这样安宁和喜悦。就像当今广泛流行于西藏人民中间的歌曲《慈祥的母亲》中所表达的那样，这是历史给我们的深刻启示。

拉巴平措

2004 年 4 月 27 日

序　言

一个人不能没有记忆，一个民族更不能失去记忆。在中华民族的近代史上，充满了屈辱和反抗的记忆，也充满了斗争和胜利的记忆。苦难的记忆让人不快，人们也不愿提起。然而苦难却让人反省，让人奋起，让人居安思危；而忘记苦难，则意味着迷茫，意味着背叛，甚至意味着埋藏下更大的苦难。我们不能忘记历史，不能丧失历史的记忆。

100 年前西藏人民轰轰烈烈的抗英斗争，作为中国近代史的重要组成部分，已经载入史册。这悲壮的一页，留下了苦难，留下了可歌可泣的故事，留下了英勇不屈的精神，值得我们永远记忆和保存。随着西藏和平解放，印度从英帝国主义侵略西藏攫夺中继承的特权也以和平方式废除，但是这段历史仍然存在，西藏人民反抗侵略的壮举也显得更加辉煌，成为整个中华民族面对帝国主义侵略、在苦难中觉醒和斗争的光辉篇章。

但是这段历史传说虽多，系统的历史记载却较少，而当时许多亲身参加过抗英斗争的人，已经进入老年。1958 年春，中共西藏工委江孜分工委为抢救历史、消除谎言、教育后人，决定由政策研究室开展江孜抗英斗争的专项调查研究。这项工作先后进行了半年之久，调查组走遍了当年抗英的战场，寻找和访问参加过战斗的亲历者，邀请知情人召开座谈会，收集了大量的抗英实物，拍摄了许多照片，又从爱国上层人士和旧官员手里，收集、翻译和整理了大量的相关文件。后来由于种种原因，特别是因为西藏发生叛乱及随之而来的平叛和民主改革，这项工作没有完全做完就停下了，所收集的大量藏文文献资料，仅翻译和使用了四分之一。作为这件事情的当事人之一，我一直深感遗憾。

时间流逝，转瞬间江孜抗英斗争已经过去100年了。100年后的西藏，发生了翻天覆地的变化。几代人的交替，让许多历史的细节，被时间的尘土掩埋。而记忆是需要细节的，没有细节，就说不上生动感人，也容易使人对其真实性发生怀疑。令我高兴的是，这些历史的细节，今天终于从尘封中走了出来，摆在了读者的面前。

这本书以生动细致的实地调查材料和真实的文献资料组成，还收录了魏克、王贵、单超等同志的相关文章。从这本书里，我们能够看到当年西藏人民不屈不挠地反抗帝国主义侵略的英雄壮举，也能够再次感受到落后就要挨打的道理，更让人深刻体会到强大统一的国家和各民族紧密团结的重要意义。让我们牢记历史的记忆，珍惜和维护今天繁荣昌盛的大好形势，努力建设强大的社会主义祖国。

阴法唐

2004年4月19日

目　录

一

调查情况汇总

二
特邀文萃

三 中英两国签订的几个不平等条约及其他

四 西藏地方政府的几个布告

五

中华人民共和国和印度共和国有关的协定、照会、公报

六

中印两国在中国西藏地方的关系在新基础上重新建立起来

前　言

百年前英帝国主义经两次鸦片战争在中国攫取种种特权后，又将一只魔爪伸向西藏。其以英属印度殖民地为基地，向北扩展，一方面借口旅游、通商、传教等向西藏等地渗透，另一方面强行霸占西藏周边邻国和地区，以达侵略我疆土之目的。1888年和1903年底至1904年，英帝国主义先后两次对我国西藏发动了侵略战争。在这两次战争中，特别是在第二次战争中，西藏人民在以十三世达赖喇嘛土登嘉措为首的西藏地方政府领导下，为了维护祖国统一，领土完整，保卫家园，不顾软弱腐败的清政府的反对，全民总动员，同仇敌忾，众志成城，进行了一场英勇顽强殊死拼搏的抗击英帝国主义的战争。仅在江孜宗（县）抗击就延续了近半年，而其中的江孜城保卫战就浴血奋战了三个月，无数壮士为国捐躯，涌现出了众多英勇杀敌的英雄，江孜城因此被誉为英雄城并驰名中外。令人惋惜的是，由于种种原因，在弹尽粮绝、无力坚持的情况下，江孜城堡失守，英帝国主义长驱直入打到拉萨，西藏地方政府被迫签订了不平等条约，向英国赔偿军费，将江孜、亚东、噶达克辟为商埠，准许驻军，设邮电、驿站等。

西藏和平解放后的 1958 年，中共江孜分工委政策研究室集中了藏、汉族干部近十人，用了约半年时间，走遍了战争发生的地方，访问了抗英老人和知情人，收集到大量材料和实物以及藏文原件。今年是西藏江孜抗英战争爆发 100 周年，为纪念这个光荣而又屈辱的日子，现将当时翻译整理出的 70 多份原文及《抗英老人访问记》刊登出来。虽然这些材料只是反映了一些侧面，但基本可以体现西藏抗英战争的概貌。遗憾的是，正当翻译的过程中，时值 1959 年西藏转入平息叛乱，进行民主改革，致使工作重心转移。现将当年已翻译部分公之于世，仅供参考，敬请读者见谅和赐教。

本书另选用了魏克、王贵、单超三位同志的文章，以弥补我们之不足，特深表谢意。感谢几位领导在百忙中关心本书的出版，并为本书题词、作序。最后，尤其要感谢中国藏学研究中心对出版本书的热情支持和帮助，使尘封百年的文物得以重见天日。

另外，还选编附录了当时中英签订的不平等条约和新中国成立后中国和印度签订的协定、照会、公报和《人民日报》社论，以便使读者对此有一个较为全面的了解。

李国柱

2004 年 7 月 25 日

一

调查情况汇总

（一）对西藏江孜人民抗英斗争历史调查工作的回顾

江孜地处国防前哨，历来为兵家必争之地，战略地位十分重要。历史上西藏两次抗英斗争的发生及其失败，对江孜地区造成了深刻的影响。江孜既是抗英“英雄城”，又是帝国主义侵略占领的重灾区之一。1951 年 5 月 23 日签订的《中央人民政府和西藏地方政府关于和平解放西藏办法的协议》第一条，就明确规定了“西藏人民团结起来，驱逐帝国主义侵略势力出西藏，西藏人民回到中华人民共和国祖国大家庭中来。”西藏和平解放后，根据 1954 年 4 月 29 日中印两国政府签订的《关于中国西藏地方和印度政府之间的通商和交通协定》的规定，取消印度在西藏继承英帝的一切特权，含设在江孜、亚东的商务代理处，治外法权及撤走江孜、亚东的武装部队。印度在西藏地方所经营的邮政、电报及电话等企业以及 12 个驿站，全部移交中国政府。根据这些规定，1955 年 4 月 1 日至 22 日，印度逐一办理了撤销或移交手续。印度政府从英帝国主义手中继承下来在中国西藏的各种特权的废除，标志着帝国主义在中国西藏的侵略势力得以清除。同时，1956 年 9 月 20 日中国同尼泊尔签订了《中华人民共和国和尼泊尔王国保持友好关系以及关于中国西藏地方和尼泊尔之间的通商和交通的协定》，废除了 1856 年中尼所签订的不平等条约，尼驻江孜武装“卫队”最后 3 人也于 1957 年 3 月 21 日撤离江孜，其江孜商务代表处于 1959 年 1 月撤离。至此，江孜长达 50 年丧失主权备受屈辱的历史终于结束了，但那毕竟是一段不能忘怀的历史。为了勿忘历史，弘扬抗英精神，鼓励人民斗志，教育后人，中共江孜分工委于 1958 年春决定，让分工委政策研究室集中精力，调查整理 1904 年英帝国主义入侵的战争过程与江孜人民抗英斗争情况，了解抗英故事和英雄人物，收集有关抗英的文物资料。

当时分工委政策研究室共有懂汉藏语文的干部谢广廷（组长）、王众恩、黄继增、于乃鼎、李国柱、陈希尧等 6 人，谢广廷、李国柱和另一位同志承担这个任务，临时从其他单位抽调了几名藏族干部配合，同时借调了江孜基巧办事处副主任（相当于副专员）吉普·平措次登，他原是江孜宗宗本（县长），熟悉情况，且文化水平高，懂古藏文。这项工作是以“江孜民间文学收集小组”的名义开展工作，实际工作是搜集抗英中的文件、故事、英雄人物的事迹，同时收集民歌、民谣、诗歌等材料。

工作步骤分三步。首先动员各种力量献宝（无偿捐出），如机关藏族干部、学校、爱国青年联谊会、爱国妇女联谊会、上层中的学习协议委员等，然后组织外访外调，最后整理、翻译资料定稿付印。

李国柱分工收集上层和城区内的藏文材料和组织藏文翻译。3个月左右的时间就收集到满满一大铁箱（印度出产的铁箱，约宽80厘米、高50厘米），由吉普·平措次登副主任、李国柱、甲措三人配合翻译成汉文。三人中，平措次登虽藏文水平高，但不懂汉文；李国柱虽会藏语但不懂藏文；甲措只能从中协调。因多数材料年代已久，有的已模糊不清，所以翻译难度大，进展缓慢，4个月仅翻译了五分之一，近7万字。这些包括两大内容：一是诗歌，歌颂生活、爱情，歌颂抗英中的英雄人物，表达了对英帝国主义发动战争的痛恨，讽刺政府对战斗指挥不力和有的人怕战、厌战的情绪；二是抗英中西藏地方政府发给江孜宗（县）政府的各种指示、命令及宗政府向西藏地方政府上报的各种情况的抄件，包括边界划定、敌情通报、战斗进展情况简报（含日报、时报），催促战备物资命令、生产工具、马匹登记、武器弹药铅丸统计，参战保证书、决心书，兵力调动配备、班排组织成员名单，征兵规定分配数字及士兵应自备的粮、武器（含子弹、火药、火绳），预备役兵源数字、支差、民事纠纷、抓盗窃犯、种牛痘，敌军打骂污辱百姓、抢劫、奸污妇女、毁坏农田，及皇帝派大臣来藏调查战争情况等。

谢广廷分工外访外调，组织了几名藏族干部共同进行。抗击英国侵略的战斗主要是在亚东与江孜之间进行的，因此，对亚江沿线凡是参加过战斗的老人（已经很少了）和能够记得当时一些情况（包括亲眼看到、亲耳听到）的老人（这类人还比较多），采取个别走访或集体回忆漫谈的方式进行调查；对于几个有名的抗击英国侵略的地点（如曲米新古、乃宁寺、扎奎村、江热坝子以及最后进行保卫战的江孜宗山）的旧址都作了实地察看，有的还拍了照。约历时 4 个月就收集到很多材料，其中包括一些战斗的过程、英雄故事和歌颂英雄人物的诗歌；还收集到一些在抗英战争中使用过的火药枪、子弹丸、矛、盾等及一些有关的文字方面的材料。

由于 1959 年西藏地方上层反动分子搞叛乱，整个西藏工作转到平叛改革上面去了，加之对一些藏文材料一时翻译不出来，所以，只好仓促将已收集和翻译的资料整理了一份约 3 万字的材料向分工委汇报。该材料用的是江孜民间文学收集小组的名义，材料名为《访问江孜抗英老人记》，分 7 个部分：（1）战争开始时间，（2）战争起因，（3）战争经过，（4）组织领导和人民抗英情绪，（5）敌人的阴谋诡计，（6）侵略军入藏后的暴行，（7）西藏人民的不屈精神。

无论在访问中或翻译过程中，我们都深受教育，被江孜人民英勇顽强的杀敌之举所感动，对英帝侵略军的强盗行为则是无比痛恨。这里只举一例说明江孜人民的抗英精神。据分工委工作组藏族干部达娃同志说，在乃宁乡有一户三兄弟，在英帝侵略军向乃宁寺进攻时，他们顽强抵抗，表现得非常勇敢，战斗到后来，三人被敌人包围，虽寡不敌众，仍坚持战斗，至死不投降，最后都自杀了。此事战后上报西藏地方政府和清政府，清政府给该户后代封了三岗地（每岗约 40 亩）作奖励，并指令这部分地永远不交租，封地文书上盖有清朝皇帝的印玺。

总之，我们江孜分工委政策研究室坚决执行了分工委关于调查整理 1904 年英帝侵略和江孜人民抗英斗争的历史，抽了较多的人员，用了较多的时间，搜集到大量的材料，并整理出来一部分《访问江孜抗英老人记》，对未写进去而又有意义的内容，也整理成了一个附件；对于民歌诗歌仅整理、翻译出一半。很可惜，这些珍贵材料未能全部翻译出来，翻译出的也未全部整理出来，而是把全部原始材料（藏汉文）及实物交分工委档案室了。散在个人手中的零星记录，也在“文化大革命”中烧毁了。

李国柱、谢广廷[①]

2003年8月8日

① 谢广廷，曾任中共西藏江孜分工委政策研究室组长；李国柱，曾任中共西藏江孜分工委政策研究室研究员。

（二）访问江孜抗英老人记

战争开始时间

英帝国主义早就蓄谋侵占中国的领土西藏，1888 年 3 月正式发动了对西藏的侵略战争，史称第一次英帝侵藏战争，也就是西藏第一次抗英战争。1903 年 8 月，英帝又发动了第二次侵略西藏的战争，也就是西藏第二次抗英战争，11 月 6 日他们到达江孜宗的堆纳地区。藏历木龙年（1904 年）元月十四日午时左右，英国侵略军荣赫鹏等借口谈判，在喜马拉雅山第三峰脚下多庆湖西北的曲米新古藏军防地，对藏军发动了灭绝人伦的大屠杀。

战争起因

英帝国主义继统治印度之后，逐步扩展其势力，19 世纪 80 年代以武力侵占了哲孟雄（锡金）全部土地，使其成为自己的势力范围。之后又贪得无厌，得寸进尺地以开辟印、藏交通线路和边境通商为由，进占西藏边界，从而引发了 1888 年的隆吐山抗英战争。由于当时软弱的清政府及其指派的大臣，实行对内压制抗英义举，对外屈膝辱国的路线，在抗英战争失败后，即派当时驻藏帮办大臣升泰为全权代表，与英印总督兰斯顿，于光绪十六年（1890 年）。在印度加尔各答地方缔结《藏印条约》凡八条，其中主要条文有：

1. 东至不丹，西至尼泊尔，藏、哲间之一带分水岭为两国国界。

2. 中国承认哲孟雄的内政外交，专由英国保护监理。

3. 藏、哲通商，印、藏官员交涉来往，哲孟雄境内游牧等三项，需日后双方妥议。

自从以上条约缔结以后，英帝屡次向我国政府要求规定上述通商、交涉、游牧三项章程，至光绪十九年（1893年）清朝政府迫不得已，就派四川参将何长荣、税务司赫政（英人）为委员，与英特别政务司保（柏）尔于加尔各答，缔结《藏印续约》凡九条，主要内容有：

1. 中国于光绪二十年三月，开西藏之亚东为商埠，准印度政府驻扎商务委员，又准英自边界至亚东，自由往来，与租赁栈房等事。

2. 凡英国商民在藏界内与中藏商民有争辩之事，由中国边境官员与英国派遣哲孟雄之统监，秉公会商，如两边意见不合，依被告所属国法律办理。

3. 两国交涉公文，由甲国边务官交付乙国边务官，乙国边务官须火速递呈办事大臣或统监。

4. 亚东开埠一年后，凡藏人仍在哲境游牧者，须遵英国所定游牧章程办理。

这个丧失主权的条约签订以后，只有英国独得利益，游牧在哲孟雄的西藏人民，受到种种限制，愤怒不平。西藏上下大有反英帝之心，实感丧失主权的可耻，坚决拒绝在亚东开商埠之事。当时清政府也无法解决此一问题，英国大使虽向清政府衙门交涉，西藏人民终究反对，劝说无效，迁延推托下去，西藏人民的反英情绪逐渐高涨。当时帝俄也很注目于西藏，对十三世达赖喇嘛曾施用种种手段，使其拒英而亲俄。光绪二十七年（1901 年），中、俄缔结满洲密约的时候，英帝听闻后甚感惊异。不久日、俄开战，俄国无力经营西藏，英帝趁此之势，于光绪三十年（1904 年），借口西藏地方不履行条约，派武官雅昔哈士巴德（荣赫鹏）领兵进攻西藏。

英帝国主义的首批侵略军是在藏历水兔年（1903 年）八月十一日，由英国军官怀特率领部分工作人员及部队 200 余人，驮子 300 左右，无理地侵占了我岗巴宗[①]。其目的是：大兵直驱城下，威逼西藏地方政府接受新的条件，以达他们在西藏开辟市场、吞并西藏的阴谋。虽说西藏人民对英帝国主义的侵略极为不满并进行了反抗，但由于无能腐败的清政府的安内攘外之策，主张商业门户开放；西藏地方部分上层亲外恐外分子积极活动，加之敌人兵临城下，当时噶厦[②]也很犹豫动摇，只有先派和谈代表前去谈判，委曲求全，梦想用和平方法来解决侵略与反侵略问题，这当然不是根本的办法。于是噶厦就派了孜仲秘书长和四品代本平康，及汉官何光燮前往岗巴宗，同月十三日双方进行正式谈判。藏方首先提出：最好以和平的方式解决争端，不要进行战争。英方拒绝接受藏方的提议，擅自离开会场，实质上是不接受藏方提出的谈判要求。因此，这次的谈判毫无结果，英军怒气冲冲地离开了岗巴宗。

英侵略军离开岗巴宗后，又随即进驻亚东，并准备继续前进，当时噶厦即令亚东总管吉普同英交涉。主要内容是：有事可以谈判，不准进藏。经多次的交涉和言语阻拦，英军根本不予理

① 宗：即县。

② 噶厦：即西藏地方政府。

睬，反而蛮横地说："我们一定要进军拉萨。"果然于十月武装侵占帕里宗。当时噶厦又派三大寺代表至此谈判。内容是：你们要来西藏，我们可以谈判。英仍不听，并以帕里气候寒冷，离噶厦太远为借口，于十一月初，将部队迁至堆纳山。侵略军到堆纳山后并未称心如意，图谋趁机侵占西藏军事要塞江孜城。这时噶厦也手忙脚乱地求神打卦问吉问凶，戳三角头①，戳乱神就信口回答说：只能谈判，不能打仗，谈是吉，打是凶。噶厦也认为如用战争方式一定会有很大的损失，随即信告亚东总管，设法阻止英军继续前进，再次向他们说明，我们愿意以和平的方法解决。这些话对英国侵略军来说，确是对牛弹琴，早没作用，部队继续前行。在这个时候，拉萨、日喀则、扎什伦布寺各派数名代表前往堆纳山谈判，并派有随同军队。其中有扎西代本 1000 人，拉顶和囊色林任团长；江孜代本 500 人，然巴任团长；以拉顶代本为总指挥兼和谈首席代表。他们到达曲米新古后，随即把部队部署开。扎西代本驻曲米新古，江孜代本驻"尚"，与英军驻地构成为三角形。藏军进驻后，一面以和谈方法与英进行交涉，一面积极修筑防御工事，做好作战准备。

英侵略军拒绝和平谈判不久，忽然又假借和平谈判之名，于藏历木龙年（1904 年）正月十四日早晨，来信通知藏方说：愿在藏军驻地（曲米新古）附近进行谈判。参加谈判的藏方代表有拉顶、囊色林、吉普、教康下等 15 人。他们在去谈判前曾告诉丁巴营长要军队做好战斗准备，但不准乱开枪。他们没带卫士，

① 三角头：是人民讽刺西藏地方政府的法师和附其身上的"散乱神"之词。其意思是：三角物怎样安放也没有真正的方向，东倒西歪，胡说八道。

仅各带有佣人，在近午时刻来到谈判约定地点，英方后到。但英方来时却把部队 500 余人排成队带至谈判地点附近约 300 米处，代表们还带有卫士。谈判开始后，首先由藏方首席代表拉顶，通名报姓说明来意，要求英军撤出西藏，如英军愿意签订条约藏方可以考虑，英方假借同意藏方的和谈要求，玩弄欺骗手段并花言巧语地说：我们也愿真心谈判，既然要用和平谈判的方法解决问题，你们就应首先解除武装。于是藏方就下令所有藏军官兵枪支一律熄火（当时用的枪多是土枪）。在谈判的同时，英方除让步兵进入谈判地点附近外，早派一队骑兵，暗中绕向藏军后方，将他们全部包围。接着英方代表向拉顶借刀。佣人不给引起了纠纷，英方即以此为理由，说：西藏方面并无诚心和谈，还想留刀战斗，言后开枪将出席和谈的藏方代表击毙，仅有吉普未死与敌展开战斗。随后英军官挥动战旗率军向藏军猛扑，埋伏在藏军附近的炮兵也一齐猛力向藏军开炮轰击。山下藏军毫无作战准备，枪支也全没火药，指挥人员丧命于敌人之手，全团士兵乱成一团。在敌人猛烈的炮火轰击下，伤亡很大，跑掉的也很多。在这次战斗中藏方伤亡士兵 500 余人，团长 2 人，营长 3 人；扎西代本和总指挥部几乎全军覆没，剩下的一部分散兵，有的去“尚”地区投江孜代本部队，有的溃散回家。亚东总管吉普在突围中途左臂及右脚受伤，佣人中弹牺牲，他就倒在死尸边装死，至黄昏时爬到山顶遇见同样负伤的丁巴营长及一部分伤兵，互相扶助到了卡鲁豁卡①。

曲米新古之战斗失败的惨痛教训，警告了那些对侵略者抱有

① 吉普所辖庄园。

和平幻想的人们，更使西藏热爱祖国、热爱家乡的人们认识了帝国主义的真面目。为了保护自己的祖国家园，只有拿起长矛、大刀，从斗争里求得和平。西藏英勇不屈的人民抵抗英帝国主义的侵略战争也就此而开始。

战争经过

曲米新古之战失败后，住在“尚”的江孜代本当晚（元月十四日）就转移至卡鲁谿卡，次日出发，第三天到康马。在康马驻扎期间做了战斗准备。当时这里有江孜代本 500 人，扎西代本的散兵一部分，后面支援部队日喀则代本扎林领导的 1000 人也都赶到，共约 1800 人。

曲米新古战结束后，英军在“古如”约十天后出发，沿途把枪林寺、贯朋寺（多吉至卡鲁之间）毁掉，将木料作烧柴，将神像打烂（现仍有痕迹）。英军进驻康马的当晚，便进行了一场战斗，事情发生在当晚拂晓时分，敌兵正在熟睡之际，我方然巴团长亲自带部队持刀闯入英军营帐，与敌厮杀一夜，杀死英军很多，藏军伤亡不大。天亮后立即撤至藏昌固守，并阻止英军前进。

在藏昌固守的除康马撤退的全部军队外，还有来自两方面的援军，一是“色马”（僧兵），一是“玉马”（民兵）（即塔布、工布、昌都三地区的民兵），总人数不详。这部分军队是正月二十五日抵达藏昌的，到后根据所分班、排，搭帐篷或围起石头堆住下了。

藏昌的两面是山，中间是谷道，根据此地形将驻藏昌的部队进行了分工：部分藏军持台枪[1]数台坚守东山头，另一部分藏军持炮二门坚守西边山头，其余藏军及“玉马”“色马”全排成队分别前后埋伏在路两旁。部队根据划分的区域，在区域内修筑工事，架台炮等做一切战斗准备。在武器上除有一门炮，几支台枪外，全是火枪。当时在藏昌指挥战斗的有代本米儿林、乌母龙阿、然巴、“达克儿巧”（即运输总管扎林）。指挥部设在多德。

二月二日的早晨听说敌人来了，扎林带了 20 余个“阿柱”（亲信者）到最前面去侦察，并对沿途的部队说：“不要怕！没关系！很好打！”直至正午时分敌人果真来了，扎林在战场的最前面打了第一枪，接着双方交火了。最初只听见双方枪响看不见对方的人。至两点多钟敌人迫近了才看见人。敌人接近后，台枪、炮、土枪一齐开始发射，打了很长时间敌人攻不上来，不但没前进，打一阵又后退一点而后又前进一点，反复多次企图吸引牵制藏军。这样约三小时之久，我们的武器中仅土炮和台枪能够打远距离，最起作用，也是阻止敌人无法前进的主要原因。这个情况被敌人发现后，敌方派三个骑兵绕到东山上，没被东山上的守军发现，却被西山上的守军发现了，就立即对东山打了三炮，但敌军也追近，无法挽救。持台枪的人虽多却无武器，有的牺牲，有的转移。从此时起台枪停止了射击，而土炮仅带有十颗炮弹全打完了（其余炮弹存在指挥部）。由于炮、台枪都停止了射击，其余人虽有土枪但动作慢（打一枪装一颗子弹再点着火才能打，最熟练的也得五分钟打一枪）无法阻击敌人，敌方趁机立即展开猛烈进攻。藏军坚持一段时间，接着英军分两路，占东、西山头，

① 台枪：即较大的土枪。

居高临下射击，三面进攻。藏军支撑不住，大部分只得撤退。藏军一边抵抗一边退，敌军一边打着一边进。当晚英军在少岗搭帐篷住。此次战斗藏军损失很大，牺牲约 300 人，军队大部分被打散，分别撤至康如、仁布、卡卡、响、郎格则、江孜城区等地。然巴团长下落不明，后在拉萨发现受到处分。扎林总管从少岗绕道至古西、江孜去后藏。

英军从藏昌至少岗进攻途中，曾用刀刺躺在路旁的尸首，怕有人装死。还发现很多躲在石缝里的藏军，将之全部俘虏，没收武器，押送至少岗，没给饭吃，也没杀，后全部释放。释放前对他们说："你们以后不要再当藏军了，我们要向江孜进军，你们绕道走吧。"

藏昌战斗失败后，藏方仍在积极备战，以扎林为首在后藏、仁布等地一面收容组织溃散部队，一面招募新兵。据说当时下令，一切为了战斗，"凡 16 岁以上 60 岁以下的无病男子都应为国效劳。"这样的号召立即受到很多人的拥护，汇集了很多人，除把原有部队重新组织恢复起来外，又专门组织了决死队，每个队员左肩佩戴半红半绿的证章。武器分配不过来，有的带土枪，有的带矛，有的什么也没有，就带乌朵（平时用来打鸟、打牲口的甩石头绳兜，将石头从绳中打出去）。藏历二月十四日夜这些人由扎林、甲杂、乌母龙阿三个代本率领，经白居寺后面转移到江孜城。军队到达的当晚，立即分成几部分，即宗山、白居寺、曲龙寺、紫金寺、扎奎村等，其中以宗山①驻军最多。接着动员全民（凡冒烟户的得出人）加上部队，在宗山及街上修筑工事，

① 宗山：即江孜宗政府办公所在地。

从白居寺可直通宗山，白居寺可通枪沙洞，从街尾至宗的南头也是连接起来的。工事基本把宗山、白居寺、江孜城的街道、枪沙洞连成一个整体，白居寺至制高点设有台枪一门，白天建立了值班哨制度，晚上军队及僧人全列队站在墙上待战。为了防止睡着，还派几个人专弄铃响声以作警惕。宗山架设有炮台等，从各方面来看已做了周密的战斗准备。

由于扎奎驻有藏军，英军为了扫清进攻宗山的障碍和切断控制江孜至拉萨的道路，其指挥部移至江洛后，曾两次攻击扎奎。第一次是晚上进攻，没成功，双方也没伤亡。第二次是分两路：一路军从河对岸扎西雄方向往扎奎打，一路从江洛出发直接进攻，共打了几小时，虽伤亡不大但无进展。第三次英军把扎奎全部包围起来，扎奎藏军最初没动，后来看见英军围得很紧，觉得决战时候到了，所有士兵都脱光衣服手持刀喊3次“一、二、三”后全体出击反攻。不一会儿便杀死敌人30余人，把英军击退至江洛，并准备继续彻底歼灭英军。因扎奎部队曾与宗山部队商议“当江洛攻扎奎时宗山立即攻江洛，于是扎奎藏军从扎奎反攻，两面夹攻全部消灭江洛敌军”。这时扎奎藏军追击敌军至江洛时，见宗山部队没来，进攻力量不足便退回扎奎。这次战斗虽获胜仅牺牲20余人，但由于宗山没按原计划执行，扎奎部队生气，从此闹不团结，不愿驻扎奎，害怕往后有孤军惨败之危，次日全部迁至白居寺。

从藏军到达的次日开始，英军也加紧了备战工作。他们首先把驻军由扎奎迁至江洛平康房（部分住帐篷），其中一部分（约20人）占据江卡后面“康朱山”并设有炮台，接着以两三天的时间从江洛至江卡之间挖一战壕，深约3米（人骑马站在里面看不见)。战壕修好后，一天江洛与康朱山的英军同时向江卡帕拉所驻藏军开火，又烧帕拉房子，藏军 100 多人抵挡不住，最后放弃江卡撤至白居寺并入宗山部队。江卡战斗进行时宗山只能使用台枪支持。江卡战斗中英军官“古学少”左肩负伤。

江洛至江卡的战壕修好后英军一直没正式向宗山进攻，基本是与藏军形成拉锯状态和互相观察准备。

在这段时期内，宗山顶的工事曾被打坏，当时指挥宗山部队的代本扎林到街上把商人的成包羊毛搬到宗山筑成羊毛工事(掩身墙)。

在这段时期内，藏军决死队主动向江洛敌人进攻两次：第一次是拂晓时分，一部分藏军向江洛进攻，来到江洛附近时英军并未发现，有 5 名藏族妓女从兵营出来发现后，马上返回告诉英军，英军得知立即开枪，结果藏军退回，进攻没成功。他们极其愤恨，先后将这 5 名妓女全杀死。第二次是一天半夜，藏军 100 多人直攻至江洛，原因是晚上好打，但逼近江洛时才发现敌人工事重重(一道壕沟一道铁丝网)，难以动手，正犹豫之际，被敌人发现开枪，藏军回击然后转移。

一天从“日郎”来了部分支援的藏军，驻白居寺的指挥多多阿噶，带 100 名骑兵前往迎接，被英军发现追上来，在江卡后平地上打起来。扎林代本从宗山上往下打，以土炮配合战斗，英军也对宗山打炮，从早晨直到下午 9 点结束，“日郎”的援军也退了。

乃宁寺大血战

乃宁位于江孜东南离江孜约 20 公里处，是江孜至亚东必经孔道，扼江孜盆地要隘，又是江孜的前哨阵地，对敌人的后方供给和支持有很大的威胁，同时也是驻江洛的敌人的最大隐患。因此敌人到达江孜后采用前后夹攻的方法，想把乃宁吃掉，成为攻打江孜宗山前 15 天所进行之规模较大的战斗。此次战斗双方皆有准备，乃宁的藏军，与每天来回送信之敌军常有交锋，直接阻碍着英军后梯队的进路，藏军亦看到这一点，也很注意坚守此据点。

听说以“扎雄”“扎乃”为首的英军官 20 余人，带大批部队及弹药至少岗时，藏军负责指挥的米几林和然巴即调动白居寺的“色马”与江孜工布等共约 1000 人前往乃宁修筑工事，做战斗准备。当时在乃宁寺周围修有 8 个碉堡，围墙上都搞有枪眼（至今仍有痕迹），兵力分布在乃宁东边山上一部分（堵住敌人进口），西山上一部分守护寺庙，主要兵力放乃宁寺内。有些僧兵的主要任务是念经祈祷胜利，诅咒敌军，做了很多糌粑团往火里烧，以预示敌军的失败。敌军主要使用少岗的刚从印度前来之后梯队，从江洛亦派有少量部队配合。

战斗是二月十六日开始的，共进行了三天，第一天由于藏军守得较严密，英军从正面没攻上来。敌军次日从江孜、江洛派一队骑兵，从乃宁后面山上攻至山顶，然后从山顶往下打，用炸药炸下面（炸毁一堵墙，约 50 米，现仍有痕迹）。敌军接近寺庙后，有的敌军用梯子往乃宁寺墙上爬，上下夹攻寺庙，藏军坚守不住，最后将寺庙大门打开，全部手持大刀与英军展开搏斗。藏军中工布兵特别善用刀，很多人都脱了衣服拼杀，工布兵中有两兄弟杀敌尤为勇敢，只他弟兄俩就杀死几十人，最后自己也壮烈牺牲。工布地区至今还以抗英英雄人物纪念他们。刀刃战进行约两小时后，藏军才主动撤退。当晚英军没住寺，返回少岗。

第三天他们又到寺里把“祖拉康”[①]烧毁并抢走很多东西（有寺登记簿，存郎格则桑丁寺），这次战斗中英军伤亡虽大（约死200人），但其有来自少岗的援军，藏军只好撤退。战斗中英军官“扎雄”（可能是营长）到神像前点火被藏军杀死，尸体葬于必今村南边，剩下“扎乃”带部队与江洛部队会合。这支队伍带有不少新武器（如机关枪等），坚守乃宁的部队撤退后，一部分撤至宗山，一部分撤至白居寺。

固守江孜宗山

乃宁战斗结束后，英军一面在河对岸设炮台攻打白居寺，一面积极备战攻打宗山。双方都清楚宗山之战是一场硬战，也是关键性的战斗。坚守在宗山上一个多月的藏军战士们更清楚皇帝的土地一寸也不能丢失，皇帝的子孙、忠实的佛教徒，“要与我们的国土、我们的宗山共存亡”。他们也知道，敌人夺去了宗山，就是夺去了整个西藏人民的生命。所以，他们在扎林代本英勇的指挥下忍饥、忍饿、喝尿（曾用绳子吊下人去到山下取水）、食土，坚韧不拔地守卫着自己的阵地，随时准备与敌人决战并誓与阵地共存亡。

五月二十五日凶狠的敌人集中了有力的炮火，从康朱山、江洛两个方面正式向宗山轰击，激烈的战斗就这样开始了。最初英军只能向平地轰击，无法接近宗山。但双方正在激烈交火之际，一个取火药的藏军士兵，在慌忙中不慎将火种放入火药库内，火

① 祖拉康：即经堂。

药库即刻燃烧爆炸，并喷出高大的火柱和火花，造成了自伤及炸药的重大损耗。炸药库爆炸后，山上的枪炮声逐渐减少，以致中断。狡猾的敌人察觉到藏军这一意外事故，趁机向山上发起了总攻。英军先派出 20 余人的小部队，在枪、炮的掩护下，从江洛进至宗山东侧的“教场”，其他的又陆续接近“宗堆”，在拂晓时从“宗堆”向宗山发起总攻。英勇沉着的藏军战士们待敌接近至几十米的时候，突然一个反击把敌人撵下山来。不甘心的敌人再次冲锋，后来宗山三面受敌，敌人像乌鸦似的哇哇地爬上来。战士们的火药打光了，眼看敌人就要爬上来，扎林发出响亮的口号：“拿起石头、木棒，抽出腰刀，把敌人撵下去！”英勇的战士们以石头、木棒、乌朵代替土枪台炮与敌死战，不少侵略者在石块、木棒下丧命。敌人冲至山上敌我混战，最后在敌众我寡、武器悬殊的情况下，藏军部分人突出重围。由于宗山路窄拥挤不堪，有些战士无法突出，但至死不当俘虏，为祖国宁死不屈，跳崖自尽壮烈牺牲。

江孜战斗失败后，藏、英战争基本上结束。藏军无坚可守，英军长驱直入进拉萨。敌迫噶厦订城下之盟，由于驻藏大臣让步、妥协、投降，西藏地方内部的投降分子也极力进行劝降活动，在武力威逼和政治诱降之下，迫使噶厦不得不接受新的条件，订立城下之盟，1904 年 9 月于拉萨缔结英藏媾和条约十条，摘要如下：

1. 西藏地方政府遵照光绪十六年中、英所定《印藏条约》，切实施行，又依约第一条所定哲藏边界建立界碑。

2. 西藏地方政府允将江孜、噶大克、亚东三处，照光绪十九年规定亚东开埠名额一律办理，又将来发现他处可开商埠之时，亦许一律通商。

……

5. 现在所开之商埠及将来继开之商埠，英、藏皆得派员驻扎。又自印度边境至江孜、噶大克各通路，不得有阻碍。

6. 西藏地方政府允将自印度边境至江孜、拉萨之炮台山寨等一律拆毁，并将妨碍交通所有之武备全行撤除。

7. 下列五项，非先得英国政府的准许，不得擅自处办。

（1）西藏土地不得租借让与任何外国。

（2）西藏所有一切事宜，皆不准任何外国干涉。

（3）无论任何外国，皆不准派员或代理人进驻西藏。

（4）西藏铁路、矿山、电信及其他种种利益不准各外国及外国人民享受。

（5）西藏地方政府，岁入之货物或其他，皆不准向各外国，作为担保借款。

除签订以上条约、外加开辟三埠外，还须赔偿英军损失费750万卢比①。

……

组织领导和人民的抗英情绪

组织领导

当时西藏地方最高领导除达赖喇嘛外，就是西藏“公众会议”。这个大会在抗英时期仍处于很高的领导地位，有很多重大

① 卢比：即印度货币。

问题都是由它决定执行的，如颁发征募新兵条令、抗敌书信等。在抗战问题上除噶厦直接领导和发布一些命令外，前线另有组织，现作分述：

1. 边防办事处。这个办事处由秘书长一、代本一、工作人员组成。它是噶厦驻前防的办事机关，在噶厦意图下办理一切前防事务，从当时情况看，它的任务主要是办理一些对英谈判交涉事宜。

2. 前线总指挥部。指挥部总指挥开始由拉顶担任，下设部分工作人员，拉顶牺牲后，后任总指挥曾经噶厦确定，但终未到前线任职。它的任务是在噶厦直接指示下，指挥前线抗击侵略者。

3. 前防后勤总部。这个组织由扎林任后勤总管，并从各寺、贵族中抽调一部分人员组成。任务是要保证部队的一切军需。另外在江孜，噶厦还专设有噶厦供给处，专催江孜、日喀则一带地区的一切供应，以便及时供应前线所需。以上几个组织都可直接与各宗发生关系。

敌我双方兵力

当时全藏正式军队约有 3000 人，到前线来的就有 2000 余人。曲米新古战斗失败后，西藏地方政府曾三次抽调民兵支持前线，总计约 1500 人。民兵的补充来源有两种，一种是喇嘛民兵（色马），一种是一般老百姓民兵（玉马），这些民兵根本没受过什么军事训练，多为临时从各寺、各地抽调来的，当然更谈不上有什么战斗经验。藏昌战斗失败后，扎林后勤总管把溃散的正式军队重新组织起来，又补充了一些新的民兵，再一次整理了队伍。但是藏军的建制、军纪仍是不好，在江孜战斗中，虽然扎林是当时的总指挥，但统率全城藏军仍有很大的困难。有的部队就不听指挥，擅自离开阵地，如多多阿旺，随便由扎奎撤回白居寺。藏军使用武器多为长矛、大刀、土枪，有的是用“乌朵”，不少人什么也没有，赤手空拳，台枪、土炮是当时的上等武器。

英军约有5000人，士兵多为印度、尼泊尔人，武器装备优于藏方，有大炮、手枪、炸药。

当地政府措施

敌人侵入岗巴宗后，看起来当时地方政府态度还算是积极的，反对清廷的不战政策，从各方面积极备战，也采取了不少积极的抗英措施。如在他们给清廷钦差大臣的查令答复上说：“印藏之间的战争是前生注定，是不可避免的事情，敌人不守信用，曲米新古之战我们受骗，伤亡很严重，并越过我们的土地，到了非常严重的时候。根据祖先和‘西藏大会’的誓约——皇帝的子民、土地一寸不可抛弃，只有用武力把他们赶出去。”又如江孜宗各寺庙、贵族、政府代表向宗政府的保证书中写道：“为此，办事人员正在进行和平谈判，若对方听信忠告而撤回则罢；若坏蛋们仍然顽固坚持过去的愤恨态度，为了世间的利益及安宁的原则，我们不能袖手旁观，目睹卓越的宗教、政治的毁灭。无论结果如何，我们要像西藏‘公众大会’所订之契约所说，不得不把敌人的武装部队驱逐出境。我们不仅将江孜、日喀则的军队及‘尚’‘古西’‘仁布’等区的‘顿马’已派至阻击点去守卫，还在二代本部队以外，另准备有能够立即派出的西藏全区的部队。”

同时也颁布了征募新兵办法。办法规定贵族、寺庙每三岗

（顿）[①]出兵一名，政府民、牧民每六岗（顿）出一名，在必要时，凡 18 岁以上 60 岁以下的男人总动员抽赴前线应战。仅江孜白居寺，抽调大扎仓[②] 8 名，中仓 6 名，小仓 4 名，共抽出 60 名，子弹由各扎仓自带，服装自备。

武器、用具的抽调也有统一安排。下边仅将江孜城区各甲长属户已抽数字述后。

铭吉：土枪 3 支、矛 3 支、刀 2 把。

妈娥：土枪 2 支、矛 1 支、刀 2 把。

妈登：土枪 1 支、矛 4 支、刀 4 把。

拉娥：土枪 4 支、矛 5 支、刀 11 把。

切尼：土枪 2 支、矛 4 支、刀 2 把。

桑珠：矛 1 支、刀 1 把。

康霞：土枪 1 支、刀 1 把。

达霞：矛 2 支、刀 1 把。

接嘎白霞：土枪 6 支、矛 3 支、刀 3 把。

六大管家各派有锹 2 把、十字镐 3 把。

为适应战争需要，保持拉萨至前线的联络，在沿线特设有信件转递马站，各站应派好马、快马数匹不等，专门听差。信件到站后昼夜不停马上转出，如迟一分钟定要以军法论处。他们认为这是宗教的最大的事情，万万不能误。

战争开始后，地方政府要求下属各宗、各组织地区，遵守命令，法律也强调得较以往严格。前线分派各地、寺的一切物资供

① 岗（顿）：西藏土地计算单位，每岗约有 40 亩，贵族世家的顿合两岗。
② 扎仓：寺庙下属组织，扎仓人数不等。

应等都应按时、按数送上，不然就要处罚。扎什伦布寺的民兵晚一天到达指定地点，即以军法论罪。

人民的抗英情绪

西藏人民在当时抵抗英侵略军的情绪是高涨的，对野兽似的大鼻子鬼子恨之入骨。他们清楚地懂得不准任何侵略者在自己的土地上横行霸道，他们也不准任何人来玷污这个纯洁而智勇的民族。那熊熊冲天的火焰，那染红了的年楚河水，那父母被杀的惨叫声，被奸污了的姐妹的啼哭声，举目可见，充耳可闻。为这些事人们也不知道流了多少眼泪，曲米新古的战斗让他们明白了眼泪、和谈对具有野心的敌人是没有作用的，形势需要的是一颗忠于祖国的正直的心，需要把大刀、土枪、土炮扛起来，对准那些吃人的野兽，让他们在我们无情的大刀、土枪下受到应得的惩罚。正如江孜宗各个代表向宗所呈送的保证书上所说的那样：英帝国主义是极其阴险毒辣的，到处抢劫烧杀。为了使敌人不能到我们的家乡，我们各主仆应尽力派较强的人，备好较好的战马、枪、刀等战斗物品，以备临时应征上阵杀敌，以报仇雪恨。这些言语充分表明了西藏人民对敌人的憎恨、对祖国的热爱。

有的人用自己的生命去换取敌人的首级；有的人自动参战，不惜自己的一切——哪怕是最宝贵的生命。人们为了赶走敌人，为了胜利，不分昼夜地帮助自己的军队，运粮、运草、挖战壕、修工事，不卖粮给敌人，不卖草给敌人，不给敌人办事、带路，到处都可听到喇嘛们念着诅咒经，咒敌人口吐鲜血而亡。群众自动组织起来站岗、放哨、监视敌人，从各方面封锁敌人，敌人到哪，哪都是无人空城。敌人虽说采用了不少威吓、罚款等卑鄙无耻的手段，但也吓不倒这些无畏的人们，前方的人民不怕任何困难，不惜流血、流汗，想尽一切办法与敌人进行着坚决的斗争。敌后人民也极力支持配合，以“达杰”为首的在印藏族人在大吉岭组织西藏在印的工人，向敌人罢工要求增资，破坏敌人后防的建设和交通道路，向敌人展开宣传战，以实际行动声援祖国人民的正义的抗敌斗争。有时在敌人的后防沿线，截杀敌人和偷袭敌人。人们对英勇的指挥者和战士无比热爱和尊敬。藏昌失守后，扎林经“古希”到“容”地区受到群众无比的欢迎爱戴，人们无不竖起拇指称赞其为“民族的忠实保卫者，人民的英雄”。在很短的时间内，一支强大的人民抗敌军队重新组织起来。班禅大师为了表示他对英雄的敬爱，亲赐自己的卫士 8 名来保护他的安全，并奖黄金若干两，告其说：“如今后有困难，可速告我，以便我尽力解决。”英勇的卫国战士们在西藏人民的大力支持、帮助下，在伟大的抗击英帝侵略的战争中，建立了卓越的功勋，留下了人民永远不可忘记的可歌可泣的英雄事迹。

桑林的保证书：

木龙年　月　日，政教法王高贵的噶伦膝下：

下面写有姓名及盖章的桑林贵族及百姓全体愿承认并不改变、不欺骗，清楚地写下此契约，内容主要如下：如本指示所谈需出“五局”，桑林百姓中每户除一父亲外仅大人、桑林本身三人，贵族全家及百姓中共有枪六支、刀三把、矛四支，已交给代表。除此外无论贵族本身，百姓在出人及武器方面都没欺骗。桑林贵族代表贡波（盖印）。百姓公众代表色下本各、达学尼慈麦打格桑等及全体百姓印（印只盖一个是百姓代表及百姓全体每人用手摸一遍印后而盖的，以此表示大家都盖了印一样）。

从民歌中看人民的情绪：

咳，咱们政府的僧俗官员！
保卫西藏的“勘乱神”！
他和他那骑象姿态的威严，
到处难见。
不嫌麻烦骑了一匹三角头似的黑马，
在反常的丢“朵马”[①]之时，
像月圆似的军官们出发时，
人民的敌人像鸟毛一样的来到了亚东。
骑着三角头黑马的“勘乱神”，
跑到哪里去了呢？！
“和平谈判已成，英人撤出了亚东”，
是勘乱神的预言，
敌人却继续前进，
我们失去了帕里宗。
传统的英雄拉顶，
牺牲于敌人之手，
原因是：

① 朵马：诅咒的一种面塑。

敌人到了还没抗敌的命令。
英勇的部队败于敌人之时，
像母亲一样的政府仍处于昏迷不醒。
三角头“戡乱神”那沉默的姿势，
又在“鲁布”地方凶厉的丢“朵马”，
所谓“扎湾”先生的全体官兵，
像钻山的狐狸一般吃掉了江孜宗。
戴金帽的三角头“戡乱神”也被欺骗了，
快收拾起你金银装饰的骄傲吧！
你也不过是个会吃的魔鬼，
我们“扎林”部队收复了江孜宗。
懦弱的“宇妥”大少爷，
像萝卜做的“朵马”一样，
三角头“戡乱神”，
像装满假话的口袋；
在大敌当前之际，
政府对战斗没有果断的命令，
惨无人道的英国狼，
在田地上画满了战沟，
江孜宗又一次失守。
耀武扬威的英国兵，
叫喊连天地侵占了我们的家乡。

敌人的阴谋诡计

英帝侵略西藏的目的，第一步在于使西藏脱离祖国，第二步则是吞并西藏。此种目的，在计划及执行英国侵藏政策的荣赫鹏及柏尔等的著述中可见。柏尔说：“吾等之所大欲，在于西藏必须强而能自主”，又说：“印度自身决不甚强，非有如英国者之兵力为之扶助、加入其中，必不能助西藏反抗中国。”即以英国力量协助西藏，使其脱离祖国之意。英国所望于西藏，绝不止此。请看柏尔在他的著述中引英国傀儡锡金王的话说：“西藏甘愿受庇于英国，请英国为之管理外交，而让其独立，如 1910 年英国与不丹所订之条约之所为。”又说：“欧洲人确能居于西藏，而繁荣西藏。”即是使西藏脱离祖国后，像英国吞并不丹一样的吞并西藏，使其成为英国的殖民地。英帝国主义为达此目的，拟定了其侵略西藏的政策并进行了卑鄙的阴谋活动，阻挠祖国与西藏人民的亲密，破坏西藏人民与祖国人民的团结，妄想把西藏从祖国的大家庭里分离出去。其方式、手段分述如下：

1. 以驻江孜、拉萨、亚东等之英国机构为推行各项阴谋之首脑，统受锡金行政官之指挥，以使力量集中，而免产生分歧。

2. 在政治方面尽量打击中央政府在藏的一切人员，排斥中央政府在藏的力量，挑拨祖国内地与西藏的原有感情，破坏汉族与藏族关系的发展。而对于西藏内部，则大肆联络封建的主力贵族，支持亲英分子执政，潜入藏传佛教寺庙长期隐蔽破坏西藏内部团结，为便于其施用威胁利诱手段，一切事情均向西藏地方上层直接秘密交涉，而置清廷于局外。同时向西藏派遣特务、间谍，成立反动组织，惹是生非，制造混乱，分而治之。

3. 在军事方面，驻兵江孜、亚东以张威胁镇压之声势，经常对藏输入武器及军需品，帮西藏地方扩充军队、训练军队，助办一些军需物资，使反动阶级用以抗拒祖国，镇压西藏爱国人民。

4. 在经济方面，利用入口免税的特权，尽量输入英、印货，销售于西藏市场，遏制西藏与祖国的贸易。尽力压低出口之土特产的价格（如羊毛），在藏推行卢比，吸收现金，印度银行接受西藏贵族、巨商的存款，而求逐渐掌握西藏的经济与金融命脉，造成西藏地方在经济上对印度的依附性。

5. 在交通边防方面，设法控制印、藏交通，与西藏地方政府秘密换文，非经英、藏双方同意，不准内地商人入藏，并必须经印度出入西藏。积极蚕食西藏边界或租、或占，以建立据点，加紧整修即增辟印藏交通路线，以达长驱席卷之企图。如：

（1）由克什米尔及西姆拉两道直窥阿里全境；

（2）由岗多及阿里两道合趋亚东、江孜以控前、后藏；

（3）由阿木巴达勒经门达旺紧逼拉萨；

（4）由葡萄沟经野人区域突入察隅，以撼动西康，从各方了解证实，英国皆有切实计划与布置，梦想吞并西藏。

6. 在文化方面，英人对西藏的贵族子弟，联络尽致，每年要从印度运来电影数部，招待他们看电影、吃饭，做种种游戏和各种运动（特别是球类），赠送礼品，对西藏大量输入书籍、报纸等宣传品，宣扬资本主义。在西藏几个主要城市，也曾酝酿传播天主教、基督教，由于西藏人民的强烈抵制，结果未能推行。又在拉萨、江孜、亚东建立英文学校，专供贵族子弟学习英文，进行奴化教育，培养亲英势力，以便为其效劳。同时也在以上各处建有卫生机关，强迫推行防病、医疗（如种牛痘等），英帝国主义为什么在藏处心积虑，不言而喻。

英帝国主义侵略西藏的阴谋诡计，早在 1904 年之前几年就开始了。收买西藏人民中的败类分子，或直接伪装成宗教徒潜入西藏寺庙，秘密进行其不可告人的特务活动。以此作武装侵略的跳板和前哨阵地，以达吞并西藏的最终野心。以下事实就是铁证：

在江孜镇的西南方，距江孜 25 华里处，有一寺庙名重孜寺，活佛生钦喇嘛，在藏历火猪年因勾结外人，而被处以死刑。详情是这样的：一天寺内突然出了一个陌生喇嘛，这个喇嘛虽说穿着西藏僧人的服装，但面孔却很引人注意，因此喇嘛们七嘴八舌说法很多，后来这个陌生的喇嘛感到这样下去是没好处的，于是就有意识地向大家解释。他说："我是个印度人，名叫依土格龙，我在印就信奉藏传佛教，但是印度却没有教义渊博的寺庙，因此特到这里来访师拜佛，以求修身养性。我到西藏后走遍各个大的城市，如拉萨、日喀则、江孜，到处询问、了解哪个寺庙经好道深，后来才知道贵寺活佛道行出凡，故来拜生钦活佛为师，学经领教。"后来生钦喇嘛也极力帮他解讲助说，并称"依土格龙"聪明多艺，医学也很好。以后逐渐与其他喇嘛都熟悉了，大家也就不再猜疑了。时间不长他就和重孜寺附近的上层贵族、管家、头人搞得很熟悉，亲如兄弟，往来频繁，联系密切，特别是与贵族帕拉和重孜管家吉巴康莎交情更深。有时他东去念经西去诊病，有时又要上山找矿、采药，当然也会有不可告人的勾当。

帕拉是经管重孜庄园的主事人，也是重孜一带的大头人之一。他的妻子虽说年纪不太大，但是多病在身，经常到处求神祷告，请医就诊，却总不见好。后来生钦活佛把依土格龙推荐给帕拉，并告其说："依土格龙医术很好。"开始帕拉想，虽说与依土格龙关系不错，但他一个喇嘛给自己的老婆看病总觉有些不便，但老婆的病又没有哪个医生、活佛能治得了，那么就试试看吧！

事情确实奇怪，帕拉妻子经依土格龙诊治后病情渐好起来。帕拉妻子病好后对依土格龙生了好感，帕拉对他也感恩不尽，这样来往更加密切。时间长了，帕拉与依土格龙、依土格龙与帕拉妻子的关系就愈来愈亲近，特别是依土格龙与帕拉的妻子接触越来越多，据说后来帕拉妻子成了依土格龙的情妇。帕拉的儿子得中由于母亲的关系，对依土格龙感情特别深厚。后来依土格龙诱骗帕拉得中、生钦活佛的佣人下冲、吉巴康莎的儿子往印度经商，办回些外货，当然政治情报工作更为重要。这个阴谋种子播下后着实有效，阴险的伪装道人，不声不息地离开了这个寺庙。

在生钦活佛策谋下的帕拉得中等人所进行的一些违法卖国勾当，当时达赖喇嘛是知道的，但因他年幼（13 岁），加上摄政王功德林又是生钦的老师，所以当时并没有处理此叛国案件。功德林死后，新摄政王丹吉林"第穆"执政，这时帕拉得中等人仍不顾国家利益，盗窃国家机密，贩运外国货。丹吉林第穆发觉此事，知道这些人不除掉，以后必有大患，祸国殃民，决然立即派人将生钦活佛及其佣人下冲、重孜管家吉巴康莎全部捉拿归案。帕拉得中、吉巴康莎的儿子当时并没被捕，他二人不久就逃亡印度，但重孜帕拉庄园全部没收。

生钦喇嘛禁闭在高级犯人监狱内，开始对他并没动用刑法。第一次开庭审判时，他们主动承担主要罪状，生钦说："一切事情由我负责，与吉巴康莎无关。"吉巴康莎说："一切事情由我个人负责，生钦活佛毫无责任。"因此这些问题一时不能弄清。由于相互不坦白，政府对三犯上了刑。把生钦装在木笼里，在拉萨游街，教育群众，以儆效尤。这样搞了几个月，后将其充军到工布地区。在工布流放期间该犯做小炕桌一对、控诉书一件，暗差专人呈送中央政府钦差大臣。此事被西藏地方政府发觉，当即决定对其处以死刑，令工布当地政权执行，并将其首级报送噶厦。胆小的工布宗本不忍心活活砍头，先把他扔到水里淹死后，取下首级交给西藏地方政府。同时取消今后该犯喇嘛转世的资格，通令全藏。重孜寺至今没有活佛。

吉巴康莎被长期禁闭在监狱内，下冲受尽各种刑法（如用竹签刺手指甲等），后充军山南，不久就越境逃跑，经不丹到了印度。开始当小工学了些印度语、英语。后又由于与帕拉之子得中取得联系，得中把他介绍到英军侵藏指挥所工作，英、藏战争爆发后，下冲任侵略军军官“古学少”（“古学少”不是真正的英军官名，这是西藏人民对他们绰号的翻译），率英军侵藏军当敌人爪牙，出卖西藏。英、藏战争结束后，这个西藏人民的叛徒到拉萨后向噶厦提出要求：（1）准许生钦活佛重新转世，（2）吉巴康莎等犯人立即开狱释放。西藏地方政府都一一批准。

在江孜战斗期间，帝国主义走狗下冲和他的主子古学少，也特意来重孜寺，虚伪地拜佛朝圣，并给全体喇嘛发放布施，以此宣扬、显示自己的伟大。后来在江孜仍结合帕拉等卖国党徒，公开地进行出卖民族、出卖祖国的无耻活动。由于他们为他们的主子忠实效劳有功，敌人给他们加官封职，特别是帕拉得中，送有大洋巴斗称号。[①] 但是西藏正义的人民、热爱祖国的喇嘛却仍骂他们是吃外国人的茶，受敌人贿赂的人，是丧尽天良的人，是最下贱、最无耻的，是民族的败类，是人民的敌人。下面引诗一首：

① 大洋巴斗：印度等级名称、称号。

外国侵略者坏，
内部卖国贼坏，
外国内部之间，
喇嘛寺庙更坏。

侵略军入藏后的暴行

江孜沦陷后，敌军进入白居寺大肆抢劫，把菩萨身上的衣服都撕成小块，做马垫子，还用来包枪、擦炮，抢去了银灯、金壶、银碗、银筷，安详的佛像也遭到厄运，有的被刀伤、有的被窃走。他们把寺中粮食抛撒满地，任牛马践踏。并以该寺在战斗中派有僧兵为理由，罚茶叶 100 箱、豌豆 100 藏克、青稞 100 藏克、酥油 100 藏克，限期如数送上。

这时暗藏在寺庙房顶上的两个小喇嘛，看到敌人这样造孽，实在不能忍受，抓起沉沉的石子，暗暗瞄准敌人，狠狠地向敌人打去，正打中一敌兵前额。敌人发现有飞石打来，顿时一阵骚动，忙把房屋包围起来，到处搜抄。两位小喇嘛终被敌人搜出，五花大绑吊在经堂前两明柱上，甩板子、皮带，不论头、脸乱打了一通，打得两个小喇嘛死去活来，不省人事。

敌人到处放火，江孜有 30 多户被烧，财产变成了焦土，20 个寺庙被烧毁和破坏，喇嘛们无寺可归。掠夺人民资财不知其数，羊、牛、骡、马等无所不抢，无一不夺。

英军对百姓任意蹂躏，抢、杀、打、骂更是到处可见。敌人由江孜到重孜去时，一路见人鸣枪，拿西藏人民的性命来开玩笑。当行至紫金附近，百姓见敌人来了急忙藏在树林里，凶恶的刽子手便用机枪向树林内扫射，很多藏胞丧命在刺树之下。

无耻的敌人拿人们的眼泪取乐，有一次到老百姓家抢东西时，对物主大笑着说："你怎么不哭呢？眼泪是非常有趣的……"说着狂笑起来。庄稼禾苗的田地是他们的放马场，任意让马在那用血汗培育的禾苗地里吃、踏、奔驰。

英军纪律极坏，蛮无人性，强奸妇女，污辱西藏人民。据了解，扎奎村、俄昌洞村不少妇女被强奸，甲中村一名叫中哥的妇女，在麦地干活被英军三人轮奸后病了两个多月。强迫藏族男女在大街上裸身照相，人、狗性交。他们在旁拍手大笑，摄影取乐。这些荒淫下流的野兽，怎不令人恨之入骨！

西藏人民的不屈精神

顽强不屈的西藏人民在各场战斗中间，想尽一切办法与敌人斗争。敌人任何残酷毒辣的手段，都不能使他们屈服，他们的英雄事迹分述如下：

1. 英勇杀敌的两兄弟。首先说老大：乃宁战斗开始了，敌人从两面夹攻乃宁，当时固守乃宁寺的士兵，多是民兵，老大也是新来的太昭民兵之一。乃宁寺位于一个两面是山的冲沟中间，该寺后面紧靠山，前面有条小河，敌人一部分攻占了后面大山，另一部分从侧面在激烈的炮火掩护下猛烈冲击，并用炸药炸破了围墙。敌人妄想从缺口处突进去，但都被我战士们反击回去。后山上敌人的火力仍压射得围墙里的人抬不起头来，正在危急之际，老大把衣服一脱，手持大刀，躲在大门后，索性把大门打开。敌人见大门大开，十几个敌人一拥而上，老大看时机已到，飞刀在群敌当中，真似削肉如泥，敌首像风吹落叶一样纷纷落地，敌军官"扎娘少"也死在刀下。终是寡不敌众，老大中弹牺牲。

再说老二：乃宁失守后，藏军撤至扎奎一带，老二时刻在想，旧恨未消，国耻之仇未报，新的仇恨又涌上心头。他想敌人杀死了自己的哥哥，夺去了很多同胞的生命，大仇不报实不甘心。可仇又怎样报呢？他时刻打主意想点子。这天他邀了 3 位同伴打扮成一般农民跑到江、亚线上，在拉丁康萨至生布达瓦两房之间埋伏起来。这时敌人通信人员 8 名骑兵路过此地，他们趁敌人休息喝茶之际，涌上进行搏斗，大意的敌人遭到这突如其来的打击，8 个人中 6 人丧命，两人狼狈逃回江孜。老二等 3 人取下敌人之首级，带至驻地附近甘登寺，准备庆祝一番，以宽仇恨之心。后因机密泄漏，祝捷会还未开，敌人就来袭击了甘登寺，结果 7 个喇嘛被杀，老二也牺牲在此。

2. 在帕里附近一个地方，我部一侦察员去前方侦察，他身上带有一瓶酒。这个时候敌人一军官，手持一拐杖没带枪，项上挂一望远镜，到这边来观望我方情况，在距他们部队有 500 米左右的地方，两者相遇。敌军官问我侦察员：“你到什么地方去？”答说：“我回家去。”问：“带有什么东西？”答：“除有一瓶酒外什么也没有。”敌军官见我侦察员掏出一瓶香甜的酒，口水直流，恨不得一口喝进去。趁敌人正在喝酒不防之时，我侦察员迅速上去用一石头，把敌人砸晕在地。这时村边的群众，见我侦察员与敌搏斗，大家群起而助，用石头把敌军官打死。后来敌人发觉他们一军官被杀，即派兵去这一村，见老百姓六七人，但并没杀害，只把所有的人头发割去，以作“犯罪标记”（因西藏人没有辫子是最耻辱的事）。

3. 有的人夜间身穿羊皮装羊，手持刀，闯入敌营杀敌，他们的想法是拼一个你死我活，以消已恨。

4. 扎奎村次仁顿珠见敌人焚烧自己的房子，全家资财一烧而光，非常气愤，举枪打死了放火的魔鬼，自己也受伤，后躲在土柜下没被烧死。

英帝国主义进驻拉萨后，驻在“罗布林卡”慈松塘等处，他们有一政治官员名“噶得少”，曾在拉鲁家住过，此人非常坏，人们恨之入骨。有一个人决心杀掉他，这一天他悄悄到慈松塘，见一敌军官，身佩有很多证章，便认定是噶得少，从腰间抽出大刀直劈过去，正中敌左臂，但对方没被杀死。接着又杀入营帐内，在敌人措手不及之时，又杀死几个士兵后回头就跑。敌兵随后紧追，因他衣服太长，绊脚而跌倒被俘。当时敌人并没杀他，想从他的口里套出些他们所需要的情报，过了几天后正式审讯，敌人厉声质问他：

“你的主人是谁?”

“谁叫你来的?”

“来干什么?”

但是他一句话也不回答。

“你是哪里人?”

法官提高了嗓子质问他。

“我是青海多维奇人。”

他坚强地回答着法官。

“来了多少人，都住在哪里?”

法官口气平和了些，

“来了 8 个人，全住山洞里。”

“来干什么?”

他冷笑了一下说：

“哩！我不是早告诉过你们吗？那个走运的军官，我恨自己没把他杀死，你们问他去，他会知道得非常清楚。”

“胡说……胡说！”法官大发雷霆。

“我准备把你们全部都杀死，现在你们把我捉住了，随你们的便，愿杀就杀，愿砍就砍！”说罢大笑。

又隔了几天，敌人决定将他处死，把他带到刑场，把所有的贵族、喇嘛都集中到刑场观看。临刑前他仍气宇轩昂，面不改色心不跳，大喊：“我是真正的佛教徒，我是中国人，我要杀光这些西藏的罪人！”喊罢后朝着那些贵族观众吐了几口口水。

“呸！”

“你们不害羞吗？”说罢仰天大笑，“哈哈……”而后他被敌人杀死了，其他 7 个人下落不明。

英雄拉顶死后流传着一个传说，这个传说至今仍深深地印在各个地区人民的心里。据说当时拉顶中弹后并没有马上死去，他翻身坐了起来，佣人和其他战士围在他的周围，他仰视，用力睁开他那大大的眼睛，大家注视着他那双有力的眼睛，觉得比过去更有力而明亮。他说“我现在并没有死，我死后天上会有我的星星。”说罢停止了呼吸。大家抬头看时，天上果然悬挂着一颗大而明亮的星星，这个星星一直悬挂在天空，人们称它为“拉顶星”。

从这个传说里说明人们对英雄的歌颂和永远的怀念。战争失败了，但是不屈的人们的爱国的赤心，永远是热的。

我们的仇比喜马拉雅山高，
我们的恨比雅鲁藏布江水深，

头可掉，

血可流，

仇不可不报。

只要太阳还存在，

就消灭不了我这颗报仇的心。

（三）西藏地方政府的战斗动员令

录由：

关于西藏与外国的边界问题，英国给驻藏钦差大臣信中说藏、汉、英三方面人士五月十三日在锡金与岗巴宗的边界能会合的话，准备进行合理的谈判。接着按钦差大臣给达赖信中所说的那样，我方派有秘书长一、代本一，带有关于此问题的处理方案前往。最近收到他俩的报告，其中说，英军大小“少”官六个，士兵约二百,二台炮，驮武器的驮子等于五月十一日抵岗巴宗与锡金之间。我们陆续派了几人前去交涉，不准其入境。我们在边境线上的石堆处与英方遇见，当时对其解释说符合大国之间的规矩应是缓和的，并将其马的缰绳拉住阻挡其前进，英方不但不听，还凶恶地举起武器做出要械斗的姿态，并越境到“格如”，听说后面部队亦继续要来。此情况已呈报达赖喇嘛并在“公众会议”上作了讨论。

关于英藏这个问题是很重要的，我方稳重地、按次序地合理进行着，根据英国不讲信用、不合理地凶恶地将部队越境开入，可见其没有和平谈判的诚意，国家之间声誉是很重要的，为此汉、英、藏还在边境上进行谈判，对方是否听尚难估计，若仍继续考虑并持凶恶的态度，我们不能袖手旁观地目睹作为世间安宁基础的宗教毁灭，要以“西藏公众誓词”（西藏“公众会议”上代表所签订的誓词）的决心和力量来回击。

过去土鼠年全区所执行的“孝堆我恰”（孝堆官的差免去

了）、“马恰”（减一兵差），（免差）铁兔年登记所免的差等除上述所出免差之外，各地应按贵、寺顿三岗出一兵，“官属”坐堆（牧民）六岗出一兵征集兵役。过去我们已收到过士兵的姓名、年龄花名册抄本，你区（江孜）根据原士兵花名册将能担任的，有的因年龄大或年幼或体弱等原因，必须选择较好的人作补充名额。若因受贿或亲属等原因，有的兵不补充的话，在部队出发打仗时顶名和假的太多，以致力量不大而使政府声誉受到影响，不准这样做。每个士兵必须携带质量较好的武器、子弹及火药，按过去所收数量出，够吃一个月的食粮、帐篷、“郎交”（管理一切东西的人）等一切所需物品准备好，等待随时出发。若不尊重宗教的需要而轻视、马虎，临需要时出一点儿小问题的话，对宗本及负责出兵者一定按“西藏公众誓词”内规定的进行惩罚。因此而借故对百姓进行压榨贪污一点儿的话，我们要派人前去调查。

不得违背上述的命令，应积极执行。

水兔年五月二十三日

（四）江孜宗政府上报下达的各种命令及前线指挥部通报

1. 英帝在边境活动情况报告

水兔年五月二十七日。报告人：政、寺、贵所有村落、牧场同牧场邻近的居民点（按有一种人不是牧场民，但住的地方离牧场较近，寺庙、居民、堆穹寺等）自愿永远不变签订以下合同：

前由秘书长及代本二人给江孜宗的命令内所说那样：在岗巴宗同锡金的边界，去年英国人违反规定擅自将界线的“嘎打桃布”（在界线上垒起的石堆）向我们这边移动，并在新石堆上插上旗子。另原定十月（五月、七月、八月）十三日在边境线由汉、藏、英商谈通商路等有关问题的决定，而英人怀日等 5 人及军队 200 人、驮牛 300 头于十一日来此。当时边境办理官员曾向他们提出“你们擅自违反边境规定将界线向我方移动是不对的”。而英人蛮横无理不听规劝竟直抵岗巴宗附近。我们今后还要为将边界划到原地点而继续努力，但英方对此态度如何不了解。

在他们带来的军队中藏族人、锡金人很多，到此后是否会分成几路陆续去我各地，尚不得而知。你区（江孜）地处要塞，在各山路口派固定人员瞭望，注意检查过往人员。这样做的意义在于如果发现有英人，可以采取巧妙言语阻止他们到我区，另如需向政府或我们报告亦须立即报告。如果由于轻视不注意出了问题（英人过去了），一定按上级及公众条约的规定重重处罚。依此精神应如何来做，接宗的命令后，并专门派宗所代表“来仲”来此，作传达并到各地进行看查，对我们各措及附近各山、路作了研究确定了分派设立瞭望人员地点。

我们依命令已在各路上安排了瞭望人员，注意询问过往人员，如发现上述情况，一定本着好好劝说阻止他们，让他们返回，对边境办理官员及江孜宗的指令一定不违反，如果违背了，相互推托，因而失去自己的土地，后果自负，任由上级处罚。

以下为岗马、桑木达、种堆埋、嘎拉、卡芦豁卡（吉普属）、多吉、古如、禾那、桑堆、革如牧场（彭德郎）、开来等三错（江洛郎）、训章人（帕拉郎）、钢甲错、甲给（江洛郎）、芹照（重孜郎）、日新寺属徐血山区、金嘎错、贵族桑林等地区共87位代表盖章。

2. 吉穹部队边防办事处对敌情报告

特启者，和前去信内容一样，外国部队凶恶地侵占了帕里，逐步侵占我属区。我办诸位僧俗业已抵帕，照指示曾进行了几次关于边防问题的谈判，对方提出唯到达首府，在此无法进行谈判。其于藏历二十日从帕里出发于曲甲宿营一夜，二十一日抵堆乃，依然直入拉萨。我代表都清楚地知道，不得不将其阻挡。因此按前来信的内容，在彼地将18—60岁的兵士携带好弹药武器，配备有学识的领导，昼夜不分地一同值派。

吉穹部队边防办事处共同启

藏历十二月二十一日

3. 江孜宗关于抗英期间征兵规定的请示

各位尊贵执政的超群的人主大法王足下开放的莲花宝座跟前：

敝江孜宗共同叩于阁下，不得不陈述一点，请遍智教王恕我直言。事由：

近来西藏全体会议发来的命令内云：关于外国打算进藏的问题，可于帕里边防之地用婉言劝其返回，若非如此，决定用武装部队把他们赶出去。此地区据铁兔年规定：夏堆（官员）本人可减兵差，凡出兵者可减兵差，凡立功建勋或被没收土地者可减去兵差。除按铁兔年规定的减差文件外，其余全部一样；贵族、寺庙凡有三岗土地者出一标兵，政府民和牧户凡有六岗土地者出一标兵。这些兵的武器、弹药、火绳（点火枪的捻子）以及两个月的食粮等一切自备。自命令发来之日准备就绪。除扎金色郎（户名）减兵差，和有半岗土地可能是属于仔恰（噶厦内机构）的，但无人管理外，其余全部都已准备就绪，造册盖章上报。在其中有一叫彭甲（短站派马者）在派马时除非超过 100 匹马，否则都须自己派出。据一老人口述：以前在尼藏战争时彭甲未出过兵差，故请审查一下兵差名册，仍便减免。可是除宗里有此文件外，其他地方并无此证据。此次其与大家一样，对此兵差和兵士的节日费以及兵差费等请求减费。请仁慈的僧官主人予以尽快决定，迅速下达吉祥之令。

为此奉呈
江孜宗
年　月　日

4. 向噶厦报告军情

木龙年二月二十一日江孜宗的报告

噶厦：

敝宗本陆马和满错两人报告。本月二十五日黄昏时报告的那样，由于与英国异教民族的战争，最后我们失败了，后藏代本然巴和米几林二十六日晨抵江孜，并说“由于部队全被打散，无望守卫宗府”。从仓库所发米几的土枪和台枪现仅看到（剩余之意）二个台枪，其余全完了。看来不仅守卫宗府无望，接着英军骑兵约 50 人也到达了。日喀则的新“统领”前去骑兵处，接着先后派“统领”本人的翻译和江孜翻译来至宗府，说宗本必须去骑兵驻地，英军有三句话需要说，并说“英国人叫马上去，否则部队快要到了，我们要炸毁宗政府”。为了不使宗府遭到损失，宗本陆马和满错的代表（因满错生病）前去骑兵首领及“统领”之处，当时英军首领提出“是不是要打仗”。秘书给代本写报告说起码 15 天之内不打仗的信发出，目前会出现何等情况，难以估计。英军大部分部队都在扎什伦布扎奎豁卡下面驻扎。有能力的军官，及新制造的武器中最好的以及尽多的部队若不派到的话，然巴和米几林代本已从白居寺后经马热走了，也没告诉到哪儿去。接着“波尊”（后勤的保管员）到白朗区去安排送子弹、火药、酥油茶之事。这样仅剩下我们宗本俩。藏军全没了，民兵倒是来了几个，但武器差，不能阻击。本地的青年男子在英骑兵来之后都逃跑了，怎么办呢？已到了这种地步，请你们考虑。上述报告。

5. 军情汇报信（一）

军粮仓、江孜宗、代本秘书、六大管家的强佐膝下：

径启者，在少岗已招集到打散的扎西代本士兵约 100 人，也许还能聚集不少，在这之前敌军搭帐篷住在“古如”，传说侦察兵常到“噶拉”“客”等地方，并对几名逃散兵带口信说“要到江孜来”。为了在阻击点修工事的需要，请尽快地多运铁锹、铁镐、袋子等来。我运输总管为了商量江、日部队的守卫和鼓动工作及了解敌军真实活动情况，今天出发到沙马达去。几天之内对聚集扎西代本之散兵的配备武装及“玉马”“色马”的整编和派出等工作，所以三大寺代表来办理，由于我和陆续来的官兵及后来的僧俗民兵必须在这儿住几天，柴草问题请宗下达一下。

我俩于二月二十一日写。

（指扎林运输总管和三大寺代表二人）

再有送枪者全体来此说“粮食完了，请准假”，此事他们已向宗汇报过，我们已准假，请快派来。

6. 军情汇报信（二）

军粮仓、江孜宗、代本秘书、六大管家的强佐膝下：

二十日敌人的士兵来了约 50 名，我们的部队大部分在重堆修工事，敌与看守帐篷的士兵发生了战斗，我军伤亡五六人，敌军死二三人，但尸体未得到手。现在日、江部队已迁至康马。敌人有直接进军的愿望，为此修工事的工具请必须在明、后天送来，从扎什伦布方向派往“容”的部队须嘱下令尽快派去。

二十二日在少岗出发之前写。

7. 催快运军用物资的信（一）

江孜宗正副宗本给日喀则的供给处负责人真准的一封信：

径启者：运输总管和三大寺的代表等人在二十一日从少岗来信说："给他们帮助工作的巴错先生和另派一名缮写员到少岗去，并且扎什伦布寺也应很快派一个得力的人员到少岗来，同时这个情况也向平康公（老爷之意）打报告，请求马上通知扎什伦布寺派一得力人员。希望多派一些兵到结去。"他们信中再要我们向平康公呈递报告请求催督扎什伦布寺速派人员。因此我们准备明天把工作人员巴错先生和缮写员切多等人派遣上去；另外托他们代办关于供给方面问题的协商工作。扎什伦布要派遣的人员看附近什么人适合，请尽快协商确定，兵也尽快地派到结地区去。以上希望积极办理为好。

江孜正副宗本

二月二十一日

8. 催促迅速运输战备物资的信（二）

江孜宗正副宗本给运输总管写的一封信：

运输总管先生阁下鉴：

径启：最近二月二十一日噶厦来的命令，从摄当边界办事处帕拉堪仲秘书长二月二十二日来的命令，在本月二十三日天拂晓时均已收到了。这些命令的内容是关于古如驻防军和敌人接触后就失败了，因此现在就要以武力来驱逐敌人。我方总指挥代理噶伦马上派遣来。现已启程的帕拉堪仲、堪穷桑丹、颇本（供给处长）加惹、希邦朗东等领导人和工作人员已委派了。堪仲已启程，其他人拟定二十三日启程。拉萨附近布达拉雪巴，彭波达直山南地区、塔贡等地的民兵不得不马上派去，暂时应该要保护关口。官兵到时所需用的牛、马、柴、草等应该及时准备好不得懈怠，如果有误事者要以军法来惩办等指示。现在应做的事是非常紧急的，关于这边要办的一切事务，我们两个宗本实担当不了。有那边的工作程序，应该和官兵详细地商谈交代后，希望你能够在二十六日早晨赶到江孜来；如果二十六日来不到，今后的工作会有头无尾，恐怕要出意想不到的大问题，因此这一工作非常重要，为了不致误事，希望你很快启程，为盼。

江孜宗正副宗本

二月二十五日天拂晓启

9. 催军用物资运输的信（三）

江孜宗政府和西藏地方政府驻江孜宗的供给处共同给运输总管则林的一封信：

运输总管先生阁下：

径启者：在那里根据外国军队的行动，给我方的官兵协商指导工作完毕以后，不得不请你马上回来。你也知道前藏各民兵在十九日从拉萨出发的命令早已接到了，并且最近尼木宗所属的 144 名民兵也在十九日出发。根据噶厦执照，他们所需要准备的马、牛和住房等方面的通知已经接到了。从十九日发来的命令，二十一日太阳快下山时接到了。命令的内容是：前后藏、工布、西康、江惹（即西藏的北部和黑河一带）等地的部队适合到前线去的，继续派遣到前线去。大甘丹颇章大批的神兵很快要派遣来的，他们所需的住房和牛、马也是大批的。因此仅由江孜这一个地区来负担，恐怕是很成问题的，尤其是道路怎样，分几路走，我们更需要详细地研究，希望尽快到这里来。我区和白朗、杜穷、汪单等地重新征集第二代本的士兵的工作，我们这里审查僧俗应征者会尽快派遣出发，由少岗你和哲蚌寺代表共同写来的信，根据这封信上说：叫扎什伦布寺马上派遣代表来。此事情我已给供给处的负责人真准去信，请他代办，并且给康巴平康公呈了报告。色热寺的代表如果到嘎喜时，很快再到少岗来和哲蚌寺的代表会面。除武器库的工作人员外，40 名民兵给他们带了铁锹、洋镐、背斗、绳子在二月二日已派遣上去了。总之和三大寺各代表方面，请你很好地和他们协商为好。

江孜宗正副宗本

本二月二十日

10. 催促运输问题的信（四）

执政者宗本后勤部先生阁下：

简述。我们日喀则江孜官兵部队已决定于今日（二十二日）撤回康马。敌方是否还会越过康马实难估计，在这之前及陆续来到的藏军及“色马”已分派去前方（打仗处）。你处的民兵及 色马请不分昼夜地尽快派来。牛粪、铁锹请按刚才扎林运输总管先生所写之数字不打折扣地送来。

少岗附近几处支短站者，没认识到重大意义，将运至少岗的火药箱驮子阻拦（不换牲口），以致所有运输在少岗几乎中断了。如前次信中所谈明天前，即派在这儿等候驮运的牲口十二至十三个，请将此事尽快布置下去。

我部队已离少岗不远，进驻少岗已成定局，为此准备工作很忙，单靠这儿搞准备工作的格西是忙不过来的，“准备头人”——格西已提出来了，需江孜区“阿郎”（“阿学”需全部行动起来），此事请与“阿学”商议。

少岗哲蚌寺代表、后勤部工作人员

木龙年二月二十二日

政教的智慧者三大寺公众代表和爬中先生后勤工作人员阁下：

特述：你们在二十二日叫桑出赶牲口者捎的信，这儿二十三日中午收到。将陆续来到之“色马”和藏军派往前方去之事是很完善的；僧兵和民兵亦在继续检查中，另派修工事者 30 人，携带镢头 14 把，锹 10 把，于二十四日抵达，以后可陆续派往。少岗地方所担负驿站责任者，龙麦政府民，色觉寺庙豁卡，扎什伦布寺土地（东）贵族，郎东和多德，龙巴知热，属于格西的么参，打足打桑等户所负重要的事情须无缺地完成此命令，为此特派康聂传达此令，希望担负职责的各户切实执行此令。部队即将到达少岗负责准备柴草的格西和上述负责驿站等，暂时须予以完善地准备，希切记此命。

月　日

11. 关于民兵患病需补换的命令（一）

江孜宗及各头人知悉：

你区民兵第六班士兵哦札戈吉身染重病无法医治，现已遣返归家，因此应由该兵之主人，再派一合格的民兵在二月十八日前赶到民兵部队的驻地。此事系宗教的重大事情，你们忽视或不按时办到，是绝不能允许的。为此遵照执行为要。

民兵（喇嘛）代本吉多赛亲书

二月九日

12. 关于民兵患病需补换、失枪需补充的命令（二）

江孜宗及各头人：

你区的民兵第十班的士兵日雄拉巴意仁因患重病，已遣返归家。该士兵之主人还应再补充一个合格的民兵，在二月二十七日赶到民兵部队的驻地。另外，第九班的士兵那如诺结，他的枪被敌人夺去了，应该由该士兵的主人补一支枪，以赔损失，此事系宗教的重大事情，你忽视或不按照做，是不允许的。为此遵照执行。

代本吉多赛亲书

二月十九日

13. 快速传送文件、增设新驿站的规定

江孜宗给结达桑马站的头人一纸命令。

结马站头人知悉：

根据“最近来的命令内”岗巴的边界上办事处的秘书长和代本来信说：“为了使办事处向上的报告能够很快地送到拉萨，选择了一条近路，现已确定从顶结宗、加戴地区、江孜宗的结地区，往拉萨要快些。因此在结地区的达桑成立一个马站，派一个支派马的头人，三个送信，并要挑选四匹又好又快的马。”这组织马上要成立，并在江孜宗所管辖之地区已下了命令，要求各地把马的草料、费用、人员的工资数目等方面的领取单据和来往的

登记簿以及印章速送到结地区来。这事是边界工作上最重要的工作，因此人和马所需之费，可以到江孜宗来领取。今后送信的人和骑的马都要能办事的和快的。来往的信件登记单应该怎样登记，以后下面可以详细交代。章子已寄去了，从现在起就应该在盖章的时候把年、月、日、时写清楚，并且掌握时间是从一天的一点钟开始到十二点。往来送信对于由拉萨下达的指示命令，和从下上报的呈文请示等文件的便条上，所注明时间不能耽搁一分钟的时间。这是宗教的重大事情，一定要认真执行。

江孜宗办公室

水兔年八月二十七日

14. 命令仁布宗处理扎什伦布寺属民多吉未支乌拉事

西藏地方政府驻江孜的供给处给仁布宗各头人的命令。

仁布宗及各头人知悉：

外国军队越界侵略事件是很危急的，因此项和乌由地区的民兵应该自己选择近道火速前来江孜。但是扎什伦布寺所辖之伦溪堆属民多吉，没有及时支出乌拉而耽误了时间，从此问题来看是应该追查责任并予以处分的，可是因为事情很忙不得空，这件事不应该拖延下去不办，但是，现在只有单方面的材料不能做凭的，所以责成仁布宗，把伦溪多吉逮捕扣押起来，待我们有时间再行审讯。如果他所犯之罪属实的话，应该以军法给以严厉处治，马上逮捕扣押，并且把民兵很快地派遣来。为此切切执行。

江孜供给处

二月二十日

15. 山南新征兵速送江孜的通知

江孜宗和西藏地方政府驻江孜的供给处共同给山南征兵负责人的一个指示。

山南七个宗征民兵的负责人及全体工作人员：

最近接到的一份通知里面说："开往前线的部队要经捏如地区。"但是外国人非常狡猾，欺骗我们的官兵被其袭击，因此，我军打了败仗，现在所征之兵前去征援，务须走大道。在山南地区所征之新兵，也要很快地送到江孜。为此切切执行为要。

供给处、江孜宗共同于木龙年二月二十五日

16. "顿马"及领导人保证书

水兔年十一月二十五日

政教法王高贵的噶厦噶伦膝下：

陈述：下面所签名和盖印的是我们承认并永不改变的意志的誓言，内容为：狠心的反动英军对我西藏优越的宗教的侵略野心是永无休止的，今年英军官兵凶恶地越境并继续进军，对此我们不得不管。以扎西部队，日、江部队为主的藏军之外，另江孜地区其余的能上阵的作为补充部队的人名单已上书过，补充部队的领导人及班长，在下面写得很清楚也进行过交代：对所属的兵卒不但行教育，还应行"贾马岗局"训练（烧热的铁愿打成何形便成何形之比喻）。从这出发在未到目的地前不准先走或后走，必须同时行动，同时住宿。在路上不准欺压欺辱百姓，在战争时不准左、右躲避，必须尽全力应征，不得轻视宗教的意旨，而贪生怕死或逃走，逃到外区等。从始至终不能丝毫违犯，这样可以鼓起勇气打击英军官兵的气焰。正如所收到的指示那样，主要是宗教的重大意义，这也是为了自己的吉凶，大家应同心协力，我们领导人及班长一定要像指示中所说的那样，抓紧在部队中保证决心不致出现对宗教有损，不考虑上述指示、道德败坏等现象。不违背自己的决心和保证。假如有谁丝毫违背上述指示，除主犯外，其班长及领导者愿按军法规定处理。

保证名单如下：

第一班班长平措德几（彭德）区的罗桑张堆（印）

第二班班长噶需巴桑慈仁（印）

第三班班长噶柱慈仁多杰（印）

第四班班长政府民达娃慈仁（印）

第五班班长天觉林寺来白马柱（印）

第六班班长噶多巴桑杰波（印）

第七班班长党白洛姐（印）

第八班班长陆马尼玛慈仁（印）

第九班班长桐布顿珠（印）

第十班班长金嘎仁曲米单（印）

第十一班班长麦松浸巴（印）

第十二班班长重孜普布慈仁（印）

第十三班班长酱如色丁寺边坝石达（印）

第十四班班长江洛米玛慈仁（印）

第十五班班长江洛顿汪加（印）

第十六班班长古西雄纠班觉杰波（印）

第十七班班长色觉寺地桑门丹（印）

第十八班班长格西甫却（印）

第十九班班长格西罗桑慈仁（印）

第二十班班长格西蓬罗（印）

第二十一班班长格西罗杰（印）

第二十二班班长帕拉顿什达（印）

第二十三班班长扎尼郎穹（印）

第二十四班班长甲比康马娃达杰（印）

第二十五班班长张格雄纠滔格（印）

下面是江孜城区米支的登记：

第一班班长江洋（印）

第二班班长曲巴尼玛杰波（印）

第三班班长教陆康热下达桂（印）

第四班班长门几什达（印）

第五班班长噶西冲堆单达（印）

第六班班长折哥罗桑（印）

第七班班长平康班登（印）

第八班班长仁布得门罗杰（印）

领导上述兵卒的人为：

宗本代表　单批

六大管家所派之彭德的单真平措

重孜　甲朴却巴

吉书代表　仲沙初怎

（上述人轮流盖印）

注明：

25 个班共 245 名（江孜给噶厦报告中说）

8 个班共 79 人（江孜给噶厦报告中说）

17. 关于外国特务逃跑的报告

江孜宗给谈判代本的报告：

江孜宗不得不向你们报告，因外国特务被逮捕收送押到仁布宗属的机米地区，在住宿时逃跑了。这个人是阴谋很大的人，我们没法担负起责任。我们一方面向你们报告，一方面派人前去阻挡。这次出事的中午，容公民——玉龙木霞的儿子，到江孜来说的，和到这里住江孜部队的仲译处取衣服来的一个得本石达，特别到宗里来说：上次跑掉的那个特务在玉崩牛场水磨边被铐、逮捕了，这个问题是个事实。那个人是会到我们手里的，过去所打的报告请往上转报。

江孜宗

年　月　日

18. 要求速派人到前线工作的信

江孜后勤仓库、宗本、代本秘书、六大管家：

启者，到这儿帮助工作的“古学巴作”能缮写的文书一个，此两人请于明日派来。请去信叫扎什伦布即派几个有能力的人士及其助手前来。“格”地区的守纪等由平康公爵负责，你们应立即去信。同时再写信催促扎什伦布尽快派部队和人员去“格”。色龙寺的代表听说住在“嘎多”，请即派一代表去把他请回来，以上请考虑。

敝两人（扎林、三大寺代表）

木龙年二月二十一日

19. 需要补充装备的函

江孜宗本及全体民众：

简述。五月二十五日特派边境事务谈判员“堪穹”秘书长来函称，按装备与噶厦商量之原计划，今冬无新情况便将“顿马”（从顿岗中抽出之兵所组成的部队）撤回各原地，但前些时八月曾特派遣一侦察员前去大吉岭了解情况，二十三日返回，根据其所汇报情况，只能按过去一样驻扎于此，一个也不能撤回。故再次给噶厦呈有报告。

来函又称“关于顿马需换新帐篷，特别是岗巴、金龙所驻的‘顿马’从扎什伦布按分配权所缴的东西，每个士兵一律只有炸药二十分之一藏克、铅弹丸 50 个、引火线捻过及没捻过的两种共 15 庹，仅能做练习，故我已派人按每人好炸药二十分之三藏克、铅弹丸 100 个、引火线捻过及没捻过的共 50 庹作了准备。对士兵及武器进行过审查并进行调配，把刀和枪盖印发给。你区也需按上述去执行。”

根据来函，江孜所派来之顿马的装备，除按原数基础上请添补数为：炸药十分之一藏克、铅弹丸 50 个、引火线捻过及没捻过的共 20 庹等，需好质量的并需有宗府印章。第一班“索郎真都”等的帐篷已坏需补充，一把锹、一把锄头、烧茶锅一个、茶勺一个、铁筛子已破补充一个。第二班“洞布登真俄主”等帐篷已破补充一个，一把锹，补充锄头，补一茶勺（满）。第三班“格曲郎巴达娃”补帐篷的“四称”、白布四匹、锄一个、烧茶锅一……（各班已需物略）以上等物请快送来。由于驻地很冷，补充之帐篷请用帆布做的或结实的，其他及冬装请按土鼠年的分配数字不减少地收集，由宗府盖章并派有能力之押运人必须于十月二十日前送到，若不尊重和轻视宗教并推脱的话是不行的。

可尔加部队平康代本公爵

水兔年十月三日

20. 江孜宗百姓要求减差给噶厦的呈文

尊贵的噶伦膝下：

敝百姓江孜发军饷官员、驻宗的官员共同拜呈。狼心反对神圣的宗教，英国宗教敌人其坏部队凶恶地经亚东占领帕里宗，并占领江孜属区“顿尼”，江、日部队（藏军），各宗的“顿兵”，二代本神兵及边境办事处，全搭帐篷住在古如地区。所住的排长级以上官员的牲口草料全由“噶经甲错”格该两村支出了，因此目前“冲巴”堆穹自己所有的少量牲畜、家畜（奶牛、羊等）所需的草全被用完了（不但现在没草给，以后也没了）。这地区秋收时曾在外区购有几房的草也用完了，这些草有的是人家要多少钱都如数交过，有的由于部队要的急，连价也没讲，还没给钱，再也没法交草了。各户的户主由于交不上草在古如住着，为此要求江孜全体及代表向江孜后勤部、驻宗官员报告此不吉利情况，或江孜全体及代表“差巴差若”（全体差民，帮助支差）让已断差的现象纠正，对支差有利。否则此区的人没有比逃跑更合适了，并派有几名代表前去江孜将此情况告诉了江孜错本，并共同提出此事必须向噶厦、达赖立即写报告详诉此情，否则南面地区的百姓是会真逃亡的。我们已收到一份关于上述事情的报告，为了你们能真信此情，信已上送。根据上述我们也认为，部队所需大量草料的支付很困难之情，属实不假，平时住南面百姓的人数不多，土地也较少，又当道路，平时汉藏官员来往过路，招待派运输等差役就很重，在土鼠年与英国打仗时这儿百姓逃亡很多，为了使剩余户不致再逃亡，求得补救，怎么办才好呢？请指示，同时对边境办事处的僧俗官所必需的草料一定支出，还必须支出江、日代本冬春共六月的草料，除此以外营长、连长的牲口草料问题，在工资标准规定上是否有，若有像百姓所提，不要经常支出，暂时停止，这样做好吗？但在土鼠年战争部队驻扎时要出此项草料差之事，谁也不了解（也就是说，过去没有出过此差）。部队的驻扎是为了宗教当然很重要，但在人户很少的地区不断地支付草料，这是难以担当的任务，如过去指示为了减轻和尽快使过往汉、藏官员部队能及时得到草料，在江孜全宗要出集草料，现在全体出集之草料中已支出一部分。但以后来往官员所需草料支出就会困难，仅江孜宗无法出集支付，其他邻近宗共同支付，这样做好吗？请指示。江孜宗与郎卡则、曲水宗等当部队过道更不同，需要炒磨大量的青稞糌粑及运送，都很困难。

按驻军指挥部所指示前所遣返的“玉马”不要再重回部队，关于此事江孜全体已单写过报告，过去“玉马”的派出是因为英军已到“顿那”，为了保卫领土才派出的，为此江孜宗与其他宗不同，遭到很大困难，有几户百姓支差困难而逃跑了，尤其是“玉马”们没有武器，正如小工一样遇敌后也无法打仗，对支差也有损失，最近在继续来部队，故要求共同支出的“顿马”全部遣回，也要求“玉马”不要再派上战场，这是为了百姓不逃跑的恩赐，希望很快听到这方面的好听指示，请考虑。上述。谢谢。

年　月　日

21. 敌情汇报

战斗失败而将部队撤至康马的情况简报初稿。

噶厦的诸位噶伦：

敝江孜后勤管理员、两个宗本、驻江孜代本的代表在没办法之下写的这份报告。

关于十五日敌方官兵部队事务人员与我扎西代本部队交战损失情况正如前十六、十八日报告中所谈那样。之后立即下令派人并前往杜穹、汪单、白郎、晌、乌油、仁布、扎什伦布等地区召集“顿马”“玉马”兵。江孜区的政、贵、寺正在继续将所能出的僧俗民兵全部派出，日喀则的米几林部队士兵作为补充兵，并不分昼夜地修筑战斗工事。

敌军于本月二十二日抵噶拉。江、日部队大部分人正在重堆（康马与沙达之间）修筑战斗工事的时候，敌军侦察骑兵约 50 人来到日江部队帐篷驻地，离帐篷驻地很远就与看守帐篷的士兵展开了战斗。我们的枪短够不着，用过去所发的一两支洋枪打死敌方骑兵二三人。由于敌方枪支力量很大（火力强），把我日、江部队打死打伤六七人。

本月二十三日，日、江部队迁至康马守卫，敌军亦来至康马并正式交锋，立即不分昼夜从江孜派去了所有能派出的民兵，去为藏昌补充军队和修工事等等。由于战争和差役各方面等，我方连吃饭睡觉亦不安宁，不是好时机，但是为了宗教和抵御魔鬼般的宗教敌人，我们用了最大力量来坚决守卫和保护。但由于敌方武器和人力比我方强大，我方藏军官兵若使不上劲的话，敌人从康马用一天时间，必然会到江孜。若是这样的话，敬请日夜不停地派军事总管和足够的援军和有能力能管住士兵的军官前来。上述报告。

年　月　日

22. 江孜宗为保持驿站通畅给各贵族、寺庙的信

隆麦政府民、色觉寺庙豁卡、扎什伦布、贵族郎东和多德、龙巴、格西“东”唐白、打桑政府民等少岗驿站头人：

特启者，近来由少岗哲蚌寺代表和颇康（发兵之军需处）工作员发来的信内云：你区驿站有中断之虞，按来信之意需固定几匹马等候支差。对此，江孜六大管家及措本、郎已在开会时讨论过，并汇报：在未调动军队之前，你区所负之差须正常无缺地进行。近几日你们可能在驮运方面有所推托，对此需下一道自动执行的命令：显然以前和现在由于你们的值班制度的缘故，由一家值班支差，遇连续要差时顾不过来；而他们怀疑驿站将要中断，其实那里驿站很多，并不是没完成任务，我们都很清楚。现应改变一家值班支差的制度，凡负驿站差者集体合理安排不得推托。确保能派出马、驮马、人等。我们亦请各位（指颇康和哲蚌寺的代表）文武官员对各贵族下达命令。你们需权衡利害，今后在支持军事问题上谁出了大力，将来会与各地清算，不让大家吃亏，望能顾全大局。

江孜宗

木龙年　月　日

23. 催交作战用牲畜的信

致两位江孜宗本：

专述

因为前去阻止敌人官兵的工作人员和部队需多次往返，马和驮畜需求量大，数目已由后勤部门给你们下了几次命令，你们按照那些数量完成没有？如果没有的话，嘎亲、铎、克、桑姆退等这些地方，我们派了人去接收牲畜，这里只有马 50 匹，驮畜 300 头，把以前命令中的数目，除现有的以外，急速如数支到这里。任务很紧，不得请示后再支。把这些情况尽快告诉江孜公众，和后勤部门（颇康）商量。

自边境办事处

木龙年十一月二十日

24. 关于逃兵必须送回兵营，所带武器退回的信

江孜宗给金嘎各贵族的信：

致金嘎地区贵族觉白、格西、嘎督、政府根布卡尔百：

收到了代本敏吉林和吉堆的信，信中说，因边境战争危急，政府和扎什伦布的部队以及“堆马”（临时抽调的民兵部队）逃亡者很多，如有逃经你们地区的，务必捉拿送往兵营，不得放其回家，特别是你们地区和其他地区来往的人员和赶马、骡和驮牛的人。凡从战场上携带有火枪、刀、矛等武器的人，你们共同查获后登记其房名、人名，将武器查封不得遗失，送交宗里。不得随便让其把武器带走。

自江孜宗

木龙年二月二十八日

25. 关于交政府的羊被英军吃了的情况报告

江孜宗政府的勒宗尼学给西藏噶厦公（似指尧西・平康）和

噶伦的呈报“关于江孜宗所征收的羊肉被英军吃了的事由”。

江孜宗勒宗尼学百拜叩首陈述：

外国敌人于二月二十六日到江孜以后随即占领了宗山。根据以前的旧例，江孜水兔年差役收入里，管理达赖喇嘛所需之羊肉 300 腔，机巧堪布所需之羊肉 28 腔等物；征收噶伦雪康的羊肉 65 腔，给噶伦合康征收的 125 腔另四分之一的羊肉均未派人来取，暂时晒干保管。宗里将这一任务责成我担任，所以当时即将所有的羊肉清点后接收过了。我在接收这一任务后即把我自己的羊肉 100 腔左右也都放在两间房内。当英军刚到江孜宗的时候即把我自己的羊肉取走五六十腔。除此外其他所存之羊肉均被英军的佣人（古力）乱吃乱拿，均已损失，所剩少数羊肉也被脚踏得零零星星坏得不能吃了。英军这种行为曾经由宗里向摄政王及噶伦呈报过，并将损失羊肉的事情也代为叙述。以后宗里又把存放羊肉的地方查看过，不仅所有的羊肉已经全部损失，并且连存放羊肉的房子也被损坏了，所以损失羊肉的事情是没有丝毫虚报的。因此上述这些羊肉的损失请恩赐不能由我赔偿，同时宗里每年在征收羊肉用的秤，也被英军偷走了。如我们自己再制造，恐怕群众不同意要计较大小，所以特申请噶厦能够赏赐一杆新秤。

上述的请求祈求尽快批示。谨呈

年　月　日

26. 关于英军购物少给钱的报告

热隆地区的农、牧民和甲村的人民给驻江孜供给处的一个报告：

奉上级的命令江孜供给处给各地的指示说：英国人抵达江孜

以来，对老百姓的踩蹦和毁坏寺庙、破坏佛像、抢掠民财等情况要丝毫不差的上报。敌人在六月初四到热隆以来，热隆喇嘛寺和农牧民共给英军缴了粮食 1044 藏克、糌粑 408 藏克、草 41 大袋。这些东西英国人只给了外币 715 元。另驻热隆的英军供应站搜去了粮食 300 藏克、糌粑 30 藏克、草 21 大袋，这些东西只给了外币 75 元。热隆喇嘛寺和人民又给英人缴羊 130 只，这些东西给了外币 50 元。以上这些均属实没有丝毫虚报。

年　月　日

27. 英军到江孜后抢、拿民财等情况

江孜宗的勒宗尼学呈给西藏地方政府噶厦的财物损失报告：

江孜宗勒宗尼学百拜叩首陈述：

去年外国敌人到江孜以后，支差的土地和缴租的土地共 100 多藏克的禾苗都被敌人的牲畜吃、踏光了，一点儿收成也没有了。另外去年除了一部分休耕而外，还有 120 藏克的土地也让敌人糟蹋无法下种，我们家中除了把能运走的细软物资疏散了从而保存下来以外，其余的生产工具、生活用具及牲口草料等均被敌人抢光了。同时仁布宗和加错溪堆需要 3 匹驿站的马，就地由尼学支出，仁布宗和加错溪堆将雇马费付给尼学。所雇用的 3 匹马中，被敌人在诺溪抢走一匹黄马价值 40 两藏银。为往返帕里的官员准备住处由尼学负责，所以将所需物寄放在堆纳的差民冲啥和松巴家里。计有方形藏毯 6 床，藏毯 1 床，炕桌有小炕桌 1 张，高桌子 2 张，火炉 4 个等，以最低价格估计值 18 两 9 钱的藏银。另外江孜地区 90 个岗顿所集的草大致有 200 庹长的房间，如果每庹按三钱银子计算，共合银子 6 两左右；油菜豌豆等也都

有一点儿，其详数未计算。关于以上这些物资均已丢失，这一情况完全属实没有虚报。根据整个地区要进行赔偿，所以在此同时也祈求能够赐我一些赔偿。如蒙允诺则感恩不尽。

谨呈

年　月　日

28. 关于英军拿东西少给钱的报告

热隆百姓、寺庙、牧民的报告：

糌粑、青稞、草、柴火、山羊、绵羊等除过去已给过的钱外，另买牦牛 123 头说给外国卢比 2197。拿走镀金菩萨 9 个，说最低给卢比 80。毁掉的房子和在地里放牲口，及割禾苗喂牲口等，英军“少赫”从拉萨返印路过江孜时曾给有一赔偿条，上面写着共赔偿外国卢比 2200，并注明在英国后勤部领取。我们到英后勤部去取时仅给了卢比 473，差 1727，按说总计应为 4000 卢比，除已收到之款外全部损失了，请西藏地方政府将损失数帮助救济。特报告。

（草稿，无日期）

29. 江热村民损失物资上报单

根据上级指示，在英国敌人到达后所损失的财产、牲畜、房屋、寺庙烧损等情况及敌人对我人民欺压等情况丝毫无差地上报。

木龙年五月十五日敌人在江热村驻军后，差民扎吉的差岗一个和顿岗一个的房屋内有两间厨房被拆毁。在这个房子旁边的一个晒台和另外两间房子顶也被拆毁了。另外的楼房被拆毁而垮塌；还有三间喂毛驴的房子被拆毁；大门外一间蓬屋和院墙也被拆毁了，又有一家差民拉雪的房子两间顶全被拆毁，大门以内的门板、窗户和屏风共被拆毁 30 多张，还有楼梯 5 个。

另外所损失的物资：挖粪的锹大小共 3 把、放水锹 8 把、粮食 200 藏克左右。除了上述的东西不算，其他方面的损失约 70 两藏银（当时的物价很低，1 两藏银可买 30 多藏克粮——编者注）。

差民次达的 3 间房子被拆毁了，4 头奶牛、72 藏克粮食以及 12 个毛袋和所有的绳子也被抢走了，家中所有食物等损失大约价值 15 两藏银。

差民加岗住房 2 间的楼顶被拆毁，晒台顶被拆毁一间。楼下喂毛驴的房子和围墙也都被拆毁；马棚的顶棚也被拆毁；炒青稞的炒房的房顶也被拆毁，拆走门板 13 扇，楼梯 2 个，窗户 6 个。

罗霞家里住房被拆毁 1 间房顶，拆走门板 3 扇。

觉康家里住房被拆毁 3 间房顶，围墙全被毁坏，拆走门板 6 扇。

拉定家里住房被拆毁 1 间房顶，并拆去楼梯 3 个，大门板 6 扇。这几家还被抢走了农具、运输用具和 30 藏克粮等，折合 40 两藏银。

另外在紫金寺存放的物资损失价值 50 两藏银、粮食 20 藏克。

差民戈定巴住的房屋两间和东房 1 间的楼上楼下均被拆毁了；另外还被拆毁了 1 间晒台；喂毛驴的 3 间房子也被拆毁；从大门起直到内房所有的门板和梯子完全被拆。另外损失价值 30 多两藏银的食物、农具和生活用具。被抢走粮食 60 藏克。

差民戈康住房的楼上 1 间房子和围墙里面的 2 间房都被拆毁了房顶；另外还损失价值 20 两藏银的物资。被牵走 1 头犏牛，拆毁门板 5 扇、窗户 3 个等。

以上差民的损失完全属实并无丝毫虚报。

年　月　日

30. 英军破坏、抢、拿村民财物情况

陆马溪村人民损失报单：

全村共 41 座房屋的房顶全部被拆毁；下种 194 藏克土地的禾苗全部被糟蹋，基本不能收获粮食；被抢走的糌粑和青稞共有 100 多包（约合 400 来藏克）；拿走的铜铁用具总共约值 50 两藏银；被抢走的装饰品（达札、巴珠）共值藏银 20 两；绵羊 8 只；格奴家的一支枪。

年　月　日

31. 英军抢走牦牛情况

格西所辖的下涅摄如和热隆的农牧民、喇嘛寺及绿麻瓦、肉空、那提等 6 村运输的牦牛被英军抢走的损失报告：

这 6 村的人民根据上级指示到惹曲运送军用糌粑，在返回途中恰遇英国敌军进军朗格则，当时即把我们的 120 头运输的牦牛全部抢走。按现在价格算每头牛最低价值八两五钱银子。热隆农民所种之九岗地里面只剩下两岗地的禾苗没被糟蹋，已被敌军糟蹋的约 500 藏克种的土地连一棵草都没剩下。另外，白卖家约大小 4 间房子、堆奴家的大小 2 间房子、堆贡家的大小 2 间房子、康巴家的大小 4 间房子、达喜家的大小 2 间房子及曲苛顶家的楼上下大小 14 间房子等，以及所有围墙都被毁坏了。另外还有朱对家的 6 间房子及围墙也全被毁坏。以上几家还被抢走奶牛 2

头，价值 8 两藏银。

热隆农民们被抢走的物资价值 20 两左右。另外达新家被抢走的物资价值 17 两左右藏银。

在让乃家抢走了镀金神像大小共有 10 尊。

热隆喇嘛寺的三处庄园下种 60 多藏克的土地全部被糟蹋光了。

年　月　日

32. 英军殴打民众，民众对调解不服上报噶厦

江孜宗代理人共同给噶厦的呈文：

十八日吉普百姓次仁诺杰其妻属扎什伦布寺人达却：这天有两个英国兵到他们家里，要求索还所欠酒钱伍厘，达却说酒是你们给我们喝的，并不是我们借你的钱，为什么要还呢？彼此争论不休。次仁诺杰于当天下午一点钟同两个英兵打起来，达却及重孜寺的王芹在中间调解后把两个英兵推出门外，达却即将门关上，两个兵用鸟枪向门里打了一枪，打伤达却的头。该两兵返江洛兵营，次仁诺杰即去英营对质，事先并未告知宗本，其房主乃是在黄昏时才来将经过报宗本的代理人。十九日早晨，次诺来说："昨天我去古学少处喊冤去了，古学少等几人立即开会，叫来两兵对证后，即将两兵押起来。"并说："叫达却明天去他们医院医伤，至于他们打架的事明天十时解决。"其伤虽不致死人，但是系藏英之间的官司问题，因此已将情况报告商场管理人及驻江孜清廷大臣代表高大人，另外令该次诺夫妇及当时在场劝解人分别写出报告转给高大人处。高大人将这些报告自己保存起来，英方几次派其赶骡帮者叫次诺夫妇去英营，我们也将此情况报高

大人处，高大人说：“你用不着去英营，给他们去一封信就行了。”高大人给写了一个汉文稿译成藏文，内容是：关于你们兵开枪伤我们人的事，我们报告商场管理人及汉藏官员，至于应如何处理，我们要等上级的指示。二十一日（因二十日是凶日不用，因此二十一日实为二十日）英人来信说：前天请你们来谈问题，你们没有遵守拉萨签订的条约没有来，务请今天两点钟来。我们又向高大人汇报，高大人指示不要去。可再去一封信，先是汉稿译成藏文，内容是：我们到底违犯了哪个条约请答复。英人回答说两个宗本到我们这里后，可告诉你们违犯的条约。我们又汇报高大人，高大人又叫写一封信译成藏文另有专报。前后给英人共写三封信都是高大人主持的，我们连写一个字的权利也没有。总之关于打枪问题，说两兵已被关起来，受伤的达却由英营给一个条，每天去英医处治疗。对写信来说是没有一点儿结果，且英官对我们二人有不满的情绪。高大人且指示我们对外不准说“是我（指示）起草的”。第一次信写后我们告吉普先生，拿着信走至公馆门口时碰到英营派来叫我们的人，估计他们会推测到信是汉方给出的主意，尤其汉英的条约也有详细规定，无论如何他们已知道，因此内外的责任都是很大的。我们现在站也不是，坐也不是。现在已到了不知怎样才好的地步，怕今后会发生问题。到那时对内对外究竟应如何做好，请噶厦详细指示。

火羊年六月二十四日

（五）江孜宗辖区贵族、寺庙、政府所属百姓呈报征兵情况

1. 江孜地区出兵、武器名单

根据各地区的出兵武器表综合报告如下：

彭德“朗”所属——仁金岗、达则雄纠、那如、格金昨巴（牧）等区共 32 人，枪 2、矛 3、刀 4。

重孜“朗”所属——古西、金嘎、青昨（牧）等 37 人，刀 12、枪 13、矛 9。

色觉“朗”所属——嘎金甲错，桑堆埋等 9 人，刀 2、枪 2、矛 3。

嘎哦“朗”所属——龙埋空 7 人。

朗东贵族百姓——（包括朗东“朗”在内）共 7 人。占穹贵族百姓和“朗”下属占马共 2 人。

朗瞄“朗”所属——张格甫等共 5 人。

帕拉百姓和“朗”所属——扎可空、热雄、熏真牧、市民区、略支、将如汪堆、学脚火结“朗”顿尼共 18 人，刀 16、枪 30、矛 23、硝 3 驮。

江洛“朗”所属——甲雄、龙爬、打取、打桑、假几、格甲共 92 人。

甲念秘书和嘎曲“朗”所属——江然、罗马、热白等 13 人，刀 4、枪 5、矛 3。

格西百姓和“朗”所属——热隆牧区、聂如堆埋，又加上汤

买百姓及“朗”下的吉雄、重朗等共89人，刀10、枪13、矛89、战马20。

麦松百姓“朗”所属——子雄、多杰等8人，枪5、刀3、矛3。

车仁贵族及百姓“朗”所属——强张共4人，枪1、刀1、矛1。

彭德百姓共为：91人，枪7、刀7、矛3。

色觉在各处寺庙共为：28人，枪1、刀1。

重孜百姓共为：37人，枪5、刀7。

江洛百姓41人，枪2、刀1。

朗噶百姓——11人。

桑竹林百姓——14人，枪6、刀6、矛5、硝1驮。

陆马百姓——6人，枪4、刀2、矛2。

嘎哦百姓——3人，大枪1、刀3、矛2、弹丸200个、火药2车、枪3、引火线19批。

贵族脚白百姓——8人，枪2、刀2、矛3、火药1车、铅5斤、有药的引火线10庹。

乃堆百姓——1人，枪1。

吉甫百姓——15人，折绕西卡3人。

多德百姓——19人，大枪1、普通枪1。

贵族七百——6人。

贵族格西——5人，枪2、刀2。

贵族扎束（扎西林）——2人，枪2、刀2、矛1。

贵族朗东——9人，枪3、刀3、矛2。

贵族研中——2人。

贵族色朗——3人。

教热——1人。

桐布——56人，枪7、刀4、矛2。

日新召寺庙民——34人，枪5。

天觉林寺民——23人。

乃宁寺百姓——17人。

康母顿拉——2人。

嘎多宁——6人，枪2、刀3、矛2。

加××色丁寺民——12人，枪4、刀3、矛1。

自丁寺民——6人，枪2、刀1。

锡脚卡巴——4人，枪1、刀1、矛1。

桑唐甫寺民——1人。

阿学康马雄纠——2人，枪1、刀1、矛1。

尼埋可那——1人。

马波按比康马空——10人。

江孜学空米支空数如下：

米几重穹两家——42人，枪2、刀2、矛2。

加交米支（索儿马）——15人，枪1、刀1。

麻我米支曲帕、姐雄——35人。

麻顶米支嘎下、昨巴古如、德姐共72人，枪1、刀4、矛4。

拉我米支下鲁、吉虑空共——28人，枪3、刀8、矛2。

拉则米支塔姐、巴格、七多、除虑——55人，枪2、刀2、矛4。

桑多米支爬吉空、七布、按康、奔格、拉下——24人，刀1、矛1。

桑埋米支康下、甲中——18 人，枪 1、刀 1。

米支学嘎——12 人，刀 1、矛 1。

米支通布、打下——14 人，矛 1。

我东米支曲拉——7 人。

江卡米支西下、江学——9 人，枪 8、刀 3、矛 3。

2. 关于补充部队士兵、武器等的登记说明

水兔年（1903 年）七月“契约”：

有益和安宁的象征者政教法王高贵的噶伦膝下：

我们所属在下签名盖章者全是出自内心不变的承认此契约，并将详细意义呈上。根据所收到的尊敬的指示意愿，很久以前便愤恨我们卓越的宗教政治的英国，历年对我岗巴宗边境进行恶意的侵犯，对此，我们不得不立即派部队阻击，但将所有动物（包括人、牲畜）生命毁灭之事，是与法王所持行为不相符合的。为此，办事人员正在进行和平谈判，若对方听信忠告而撤回则罢；若坏蛋们仍然顽固坚持过去的愤恨态度，为了世间的利益及安宁原则，我们不能袖手旁观，目睹卓越的宗教、政治的毁灭。无论结果如何，我们要像“西藏大会”所订之契约所说，不得不把敌人的武装部队驱逐出境。我们不仅将江孜、日喀则的军队及“尚”“古西”“仁布”等区的“顿马”已派至阻击点去守卫，还在二代本部队以外，另准备有能立即派出的西藏全区的部队。由于顾虑前方不急需部队而将部队派出，以致使沿途（部队进军）百姓无意义的遭受侵扰，故暂缓派出。但英军是极其阴险毒辣的，我们守卫边境的部队是少一些，敌人会有越境的危险。遵照以往指示，必须派较精锐的“顿马”前去。这是为宗教、政治服

务，对本人今生和来世都有益处。特别是英国已到地区，或已到地区附近的人，必须考虑到属于自己掌握的经济等，并传给子女后代很久的，与之共存亡，对今生来世的享受利害攸关。为了使敌军不致来到我们的地区，各主仆中应尽力派较强的人，自备较好的战马、枪、刀等及战斗所需一切物品准备随时上阵。另你们应按办事处（康巴）的秘书长和代本，日、江领导代本、江孜后勤管理员等的指示来执行。另将所能抽出兵的数字登记簿尽快送到，这些人是否需发工资的问题，我们不仅根据重要程度决定，还对于有战斗力者，武器装备较好的，出人较多的给以奖励。另若不以此事为重而出差错，如俗语说“烧火土焦”，必须不妥协地按西藏“公众大会”契约的条文规定处罚。上述收到的指示由宗本给贵、寺、政的头人、根波等进行了清楚的传达，同时大家毫不隐瞒，如指示所说那样对能战斗的人、枪、刀等进行过登记并盖有章，登记没虚假，在这问题上，今后是不会出现舆论的，完全可以保证。

倘若上述登记如实有虚假或有虚假的征候，愿承担一切判刑、财产等或契约中所规定的惩罚，这是积恶自担。

下列名单（订契约者）

略

下面全是寺、贵、政各“米则”（类似账）签名盖章 60 人

江孜宗贵族、寺庙、政府属民等

3. 重孜村民的保证书

订立简单契约。最近收到六大管家彭德、帕拉的代表亲自送到的江孜后勤部、达克基巧、宗本等于二月十六日的指令，

内容是：

英国超越国境与我交锋，不能随他们的意愿行动，为此，我们不得不抵抗，前军队（指挥部）所发，抽兵指示那样：无病不残废的“玉马”及战斗装备；火药、子弹自备，够吃十天的粮食。另贵、政、寺及所属百姓每户家除留父亲（男主人）外，各主人（头人）及健康的不残废的所有佣人全要出其战斗工具，火药及子弹由当地自愿捐出，命令“需于十八日交齐”。

敝村重孜南面的百姓冲巴户数人数的登记簿前已上送，根据登记簿上已出过十个兵以补充藏军的病号，除死的以外登记名单尚结余的人户中，由于在主要地区出差都派有一个人，并还在继续派人，除此之外每户仅剩一父亲。以后若发现我们隐瞒、欺骗或听见这方面的谣传，愿接受任何惩罚、制约。头人班长哭龙。达支、拉下尔、白林、桑门、白卖等头人公众全体百姓将印每人手转一遍才盖的（下有一印）。

木龙年二月十八日

敝重孜

4. 重孜寺关于兵力不足的声明

简单契约。十八日六大管家彭德、帕拉的代表亲自送至江孜后勤部、达克基巧、宗本等仁波且的指令内容为：

由于英军已越边境及部队在进展，不得不再次重申阻击，为此必须将所有“玉马”僧俗人员全部派出。

敝重孜寺平时常住寺僧人并不多，尤其是今年一月份很多僧人已还俗，现剩余的仅为高龄及年老的僧人，其中不能上战场的五名，另除“几米”二、“翁则”一、“古聂”二、“呷马”一、

“重孜阿曲”“几聂”等人外，能上战场的共三人。上述招募情况均为代表亲眼所见并决定。不是我们隐瞒、欺骗，今后若出现这方面意见，愿接受任何惩罚。

寺庙各负责人共同上书

木龙年二月十八日（印）

5. 重孜庄园属民征兵名单

重孜庄园共有土地八十八岗半另十六分之一岗的支差人民的名单：

诺尔吉沙巴·麦郎汪布和米玛，赶毛驴的尼玛和拉巴汪堆，赶马的普次

则们沙巴·米玛

政府牧羊人多吉汪堆和普布顿珠

白仓沙巴·米玛汪堆

达江沙巴·巴汪

日们沙巴·国吉赤仁

次顶沙巴·巴却

白洛沙巴·普桑

白孜沙巴·巴杰

窖降结波（赶马的）和政府牧人涅督

康江沙巴·公觉和赶马的达郭

康洛沙巴·顿珠和顿次

洞楚沙巴·巴杰和普却

政府牧羊人汪堆

康布沙巴·哈巴汪堆

康吉沙巴・巴日额

达尔结沙巴・汪堆和大苏拉结

岗巴沙巴・普孜和却珠

加厦沙巴・百基

白尔公・索郎囊杰和其弟格桑，儿子赤登

政府牧羊人多吉和赶马的胡尔登

仲麦沙巴・普次

德们沙巴・盆措和结布赤仁

沙岗沙巴・赤国和儿子多盆

窗热沙巴・大吉

则顶沙巴・边次和却巴

却卧沙巴・诺尔国和丹却

阿降沙巴・涅叔

阿洛沙巴・作吉

则林・普布穹珠

洛康沙巴・多盆

乃洛沙巴・桑朱和政府牧羊人普赤和般多，赶马人哈汪

灌失沙巴・平顿和赤盆

马次沙巴・苏赤和儿子却累

多苏沙巴・马却

达则沙巴・哈顿和赶毛驴的却次仁，私人牧羊人巴桑次仁

扎康沙巴・巴桑却巴

吉霞沙巴・赤多和藏堆

德通沙巴・边巴汪堆和巴桑却巴，赶毛驴的佐吉

康霞沙巴・扎拉

雪督沙巴·多盆

康百沙巴·达盆，赶毛驴的哈顿和索郎平措，赶马的巴却，牧羊的平巴平措、巴桑却巴、平措

百卧沙巴·洛金，赶马和毛驴的吉宁

米涅沙巴·涅却和尼玛平措

林霞尔沙巴·赤盆和赶马的赤顿，牧羊的索盆，赶毛驴的丹真

洛康巴却·赶马的巴尔顿

价百都吉·政府牧羊人却村

仲多沙巴·索汪

金中沙巴·吉波

却桑沙巴·尼却和却巴赤仁

玉中沙巴·公觉

拉瓦沙巴·藏堆

吉甫沙巴·达瓦赤仁

康公沙巴·边顿和赶毛驴的米玛顿珠，赶马的降阳、郭绕帕多吉

卡亲沙巴·多汪

巴亲沙巴·吉波

打亲沙巴·吉波

政府牧羊人尼玛

百林米却和儿子哈贡，赶毛驴的达次

则起沙巴·哈赤

德们沙巴·囊顿

孔沙尼却

孙百沙巴·降阳和当曲吉深，赶马的旺扎，政府牧羊人多吉，赶毛驴的达次

德吉沙巴·赤登

洛下沙巴·却巴

洛苏沙巴·登打尔

西洛沙巴·盆囊和却巴

德洛沙巴·阿深

江百沙巴·索赤

则洛沙巴·赤仁

百卧沙巴·德诺

岗苏沙巴·囊杰

岗洛沙巴·赤盆

平康沙巴·伍珠

吉奴沙巴·赤盆、哈巴赤仁雪奴沙巴哈赤

沙卡沙巴·米玛和巴桑汪堆，赶毛驴的米赤，赶马的赤吉，桑喜的牧羊人索赤

嘎公沙巴·丹吉，赶马的巴桑吉波

桑麦沙巴·赤盆

格下沙巴和政府的牧羊人尼吉

囊康沙巴·百宿

白色沙巴·涅却，赶马的则结，赶毛驴的藏堆

康囊沙巴·普尔顿

洛下沙巴·德我

洛吉沙巴·巴赤

桑康沙巴·米玛

结沙沙巴・哈结

则岗沙巴・出桑

宁百沙巴・盆措

仁下沙巴・巴却政府牧人嘎盆

色百沙巴・陈张母，牧羊人囊多，赶马的石达，赶毛驴的大张和哈赤

德林沙巴・达盆，赶毛驴的平措，牧羊人平错，赶马的巴桑却巴

上洛沙巴・仁真

卡德沙巴・米玛

德浪沙巴・普林

雪下沙巴・盆措

嘎你沙巴・米顿

们洛沙巴・尼赤

雪孜沙巴・督吉

雪吉沙巴・汪堆

扎下沙巴・丹真和班赤

吉康沙巴・多多

吉苏达吉

襄西沙巴・却律石塔

雪卧沙巴・边顿

吉甫沙巴・米结

百奴沙巴・巴尔结

仲堆沙巴・尼赤

辛自沙巴・石曲，牧羊人巴结汪亲，赶毛驴的巴督，犁地的

当曲，赶毛驴的藏堆，赶马的达赤

朵顷沙巴·达瓦

白下沙巴·赤汪

过巴沙巴·涅盆和涅顿

百麦沙巴·达盆，赶毛驴的边顿洛洋沙巴·百旺和米说

足下沙巴·色打尔

作沙巴·丹巴，赶毛驴的米堆，牧羊人边赤，赶马的色打尔等，人数共197名。

重孜除本的助手1名，所属地区头人8名，10个差出6名，参加江孜地区“阿修”的代表1名，政府各谿卡的“西尼”8名，“鸭”（监工的或管水的）10名，根波1名，政府牧羊人16名，赶马的16名，赶毛驴的20名等，及其他的庄园各种差役的人员外，只剩110名，但外面还有各种杂差等差役，负担很重，曾再三请求上级希望调整差赋方案，迄今尚未调整。现根据重孜的差岗地和人数相差太远，差民人数太少。关于打仗的武器方面重孜“古真钦不”大会用的和江孜跑马时用的共有25支枪，曾在征兵时带去18支，以后“羌却”（北方）逃兵抢去2支，现只剩5支枪和7把刀，除此而外，枪、刀、矛等全无，上报属实。

6. 贵族格西属民七尼村名单

格西属民七尼村的名单如下：

“西下”户主一人，儿一、15岁。

“折儿”户主一人，另一男。

“西噶”户主一人。

“白卡”户主一人。

以上数无虚假，这些人于二十三日星期六抵江孜。

以上有四户人共同盖印。

7. 贵族仲沙及郎如出兵及武器的名单

如来指示，所曰登记能出征的男子名单及武器，敝仲沙、郎如除老少外，有下列人数：

郎如：郎如乌局娃家长次登多杰，22 岁；起米郎加，18 岁。

出穹家长，慈汪，58 岁；达娃慈仁，30 岁。

强巴家长，单真，58 岁；尼玛，30 岁。

冲本家长，明马，35 岁。

巴下家长，汪加，20 岁；尼玛，35 岁。

巴陆家长，拉汪，36 岁。

扎噶家长，慈真多吉，18 岁。

地热家长，慈汪张堆，40 岁。

厦下家长，多杰，44 岁；单真，30 岁。

德康家长，单真，42 岁。

阿西家长，格桑慈汪，30 岁；多杰，40 岁。

仲沙唐重家长，边巴，25 岁；尼玛，28 岁。

枪昌家长，明马顿珠，18 岁。

枪俄家长，索郎多杰，36 岁；巴桑却巴，28 岁。

重夏家长，单真顿珠，48 岁；朴却，41 岁。

几康家长，明马慈仁，28 岁。

武器方面，百姓的武器过去藏军和玉马先出发的已给过；贵族本身有枪三、矛二、刀三，除此外，武器、人都没了，也没假。

贵族代表聂巴多杰　章（印）

（以上其家长十六，男九，枪三、矛二、刀三）

8. 嘎曲寺辖东布豁卡征兵及武器情况

敝嘎曲寺、东布豁卡墩的人名、年龄武器登记表

（户主 38 人除外，强壮的 56 人、枪七、矛二、刀四）

奉令：敝嘎曲寺、东布豁，按顿送上全部男性名单：

石达地区：答毕洛珠，35 岁，佣人，千仓户主，普曲训仓户主，曲儿 28 岁，前述二户，助差人（协助支差的人）贡觉汪布，30 岁。玛洛户主达归 35 岁和旺堆 28 岁。章笛户主那姆色，32 岁，助差人户主马，45 岁，和群党，39 岁，才归 35 岁，贡觉慈仁 28 岁，汪堆甲布。

章噶地区：贡嘎汪布 37 岁。踏尔雪户主平措群培 38 岁，玉珍 32 岁，助差人阿古 45 岁和米忙旺堆 26 岁。白青户主，希诺 32 岁和德勒 26 岁，素喀户主米忙 52 岁和拉多 22 岁，昌决 20 岁。吉康户主丁色 29 岁，助差人贡觉明九 31 岁。

帮 × 地区：属民曲学白玛慈仁，43 岁，塔尔干户主曲巴慈仁 56 岁，热曲 25 岁，助差人尼角 36 岁。帮达尔训仓户主兵归，助差人拉巴慈仁 36 岁。更彼户主次仁平措，46 岁，王青诺布 36 岁，热曲 20 岁。朗奇莎户主普布塔述 48 岁，汪青 28 岁，索南汪堆 21 岁，达瓦曲巴 46 岁，国桑诺布丹 36 岁，迷马甲布 20 岁，次丹俄珠 21 岁。普诺布户主米忙拉珍 29 岁，达曲 25 岁，达瓦次仁 22 岁，顿珠 20 岁，普布达杰 29 岁。强达强吉户主兵巴 48 岁，尼章姆 31 岁。塔尔汪户主旺堆 39 岁，助差人甲布 34 岁。吉玛户主白多 54 岁，甲洋 28 岁，康沙家米次 49 岁，次多 22 岁，巴国 27 岁。德岗户主多吉 56 岁。夏巴户主觉明 49 岁，

普曲 40 岁。朗莎家长尼玛汪堆 31 岁，达曲 28 岁。塔尔岗户主达瓦次仁 42 岁，巴桑次仁 40 岁，兵巴桑过杰 23 岁。卓鲁下户主译多 26 岁。毕下户主诺杰 24 岁。毕吉户主甲洋 42 岁，努炯 39 岁，热布杰 46 岁，助差人多布吉 22 岁，夏小户主达瓦次仁 33 岁，汪白 35 岁。

洛 × 地区：属民慕岗户主平措次仁 36 岁。慕苏户主灯多 29 岁。毕雪户主色达 42 岁，德布 34 岁。洛得户主拉巴 55 岁，曲则 46 岁，普国 28 岁，才汪 26 岁。仁丁玛章户主诺尔杰 52 岁，勒巴 49 岁，米忙拉珍 27 岁，住江孜一人毕色 26 岁，热苏丹达 30 岁。章帮户主巴桑曲巴 58 岁，边巴次仁 31 岁，米玛次仁 23 岁。曲奶交布品户主欺米 33 岁，助差丹珍 35 岁。卜拉嘎乌属民 46 岁，拉章卓聂察尔属民多杰色达 23 岁。住金噶一人（无名）46 岁。典答属民则岗户主贡布 34 岁。洛丹 49 岁，佣人米忙 46 岁，格桑 40 岁。色雪户主次仁 55 岁。丁巴户主兵巴 36 岁，巴桑过杰 28 岁，泽多 20 岁。强觉户主索南群培 24 岁，巴桑 22 岁，球兵泽 29 岁。

武器：泽岗枪一支，章留枪二支和矛一杆、刀一把。学洛枪一支。则岗枪一支，塔尔干刀一把，塔尔训刀一把，朗莎矛一杆。曲下枪二支和刀一把等。以上无误属实上呈。

9. 江洛朗政府差民情况

敝民江洛朗所辖政府差民墟打却有差马岗和对岗四岗半的出差差民：

当郭沙巴（男户主）诺尔吉 40 岁。

却龙沙巴米却 24 岁；赶毛驴的哈国 22 岁。

为谿卡服务的丹吉 33 岁；牧羊人多吉 54 岁；赶马的囊都尔 35 岁。如实报。

10. 江洛朗所辖政府民统计

敝民江洛朗所辖政府民江期牧场有差岗扎岗 11 岗的差民：囊绕沙巴说斗 39 岁

则的沙巴汪堆 36 岁

德几沙巴丹真 53 岁，牧羊人桑珠 33 岁

盆德沙巴巴桑 44 岁，牧羊人西绕 25 岁

扎钦沙巴哈巴 37 岁

桑绕沙巴涅桑 35 岁，牧羊人巴登 28 岁

仲莎沙巴哈汪 28 岁

德列沙巴米玛 29 岁

平扎沙巴尼玛 43 岁

则苏沙巴说督尔 32 岁，牧羊人汪堆 18 岁

德桑沙巴顿赤 46 岁

平康沙巴扎西 48 岁

条康沙巴说督尔 48 岁

则绕沙巴汪堆 29 岁

则桑沙巴彭错 37 岁，牧羊人哈督尔 32 岁

却不沙巴达尔杰 45 岁

说吃沙巴普却 43 岁

汪则沙巴石塔尔汪堆 32 岁

德苏沙巴多吉 40 岁

马沙沙巴赤盆 60 岁，牧羊人结布 34 岁，赶牦牛的当真 27 岁

德则沙巴赤登 32 岁，牧羊人汪堆 28 岁
德绕莎巴扎拉 24 岁
则打尔沙巴普赤 30 岁
德康沙巴伍珠 49 岁，赶牦牛的诺尔吉 42 岁
百打尔沙巴顿珠 39 岁，牧羊人米吃 29 岁
多尔嘎沙巴顿朱 21 岁等
上报属实。

11. 江洛顿所属民兵和武器清单

打则德康男丁丹真
打惹康江沙巴赤登过吉、石塔丹真、多尔登
滤沙尔沙巴赤仁过吉、边巴赤仁
扭麦沙巴丹真、扎西赤仁、尼玛陈列
只江沙巴汪吉、赤汪丹真、米玛赤仁
索钦沙巴诺布、普布顿珠
扎帮沙巴洛品
赤磨沙巴平措赤仁和囊吉
德康沙巴却巴
嘎下沙巴米玛赤仁
过甲德康沙巴打章儿子班章
百钦沙巴降阳儿子索囊民居
百瓦沙巴赤登儿子丹品
百奴沙巴过吉之子赤旺藏堆
百虾沙巴普藏
百奴沙巴湟规之子米赤

桑康沙巴百百

扎尔虾沙巴普吉、索囊赤仁、米玛吉仁

财洛沙巴巴却之子贡桑、班吉

江哑沙巴贡桑登百、仁钦降者

百吉沙巴降阳赤仁、说品

藏督沙巴哈纠

额苏沙巴丹真赤汪、丹真

过丁沙巴汪堆

上墟沙巴巴桑吉卜、赤登巴藏

洞热沙巴普珠

让吉沙巴藏堆、丹真

加顷沙巴尼玛汪堆、卓香大章

卓吉沙巴却巴

则马囊申沙巴洛旺

却卧沙巴汪堆

拜宇洛丁沙巴汪钦

说尔虾沙巴哈森之子汪修、尼玛俄珠

虾马沙巴汪堆之子米玛

虾惹沙巴普顷

桑虾沙巴丹真、哈巴赤仁、儿子尼玛丹真

拜宇羌马沙巴普布

囊申沙巴吉普、丹真列巴、绕什吉普、普布赤仁

热奴沙巴诺布

大雪沙巴囊吉

价百沙巴诺布赤仁

则康沙巴旧奴尔和群登

打西男丁格条却真汪堆结波

嘎中男丁当桑和索囊

索则男丁巴桑、钦列

矛，是兵岗和对岗共八顿的为出乌拉和送信差等服务的人，以及赶马和赶毛驴的 12 人，牧羊人 3 名，“阿修”头人 1 名，“督汞”（阿修下的组织）头人 1 名，支差的沙巴 46 名，刀 1 把，枪 2 支等，实报。

12. 江洛朗征兵名单

敝民江洛朗所管辖的甲中政府差民有差岗马岗和顿岗共 11 岗，内除属私人管辖的人名单另报外，其余 4 岗的差民名单如下：

拉却沙巴汪扎 53 岁，儿子丹真班觉 21 岁，赶毛驴的达尔登 17 岁。

百额沙巴洛吉 70 岁，儿子贡却 43 岁，赶毛驴的石塔尔 40 岁，牧羊人洛桑 37 岁。

嘉措沙巴汪钦 17 岁，赶毛驴的赤汪过吉 49 岁，牧羊人哈赤 38 岁。

上报名单都是实情。

13. 江洛辖龙巴尔名单

敝民江洛所辖政府民龙巴尔有差地马岗和顿岗两岗半和“崩降”（差名）差地五岗等的差民：

江霞尔沙巴结波 38 岁

霞尔骨沙巴哈什 29 岁，赶毛驴的却巴 32 岁

给贡中豁卡服务的米顿 34 岁

洛丁沙巴巴桑 62 岁，其子卫居达却 25 岁

实报。

14. 江洛所属达孜民名单

敝民江洛所辖达孜政府民有差岗马岗和顿岗八岗地支差的差民：

卧下沙巴盆诺尔 50 岁，玉炯达汪 34 岁

卧洛沙巴达汪 21 岁

盆绕沙巴诺尔桑 42 岁，赶毛驴的边顿 21 岁

卡尔百沙巴米什 36 岁，玉炯达瓦 28 岁

桑麦沙巴觉尔吉 52 岁，赶毛驴的任彭 50 岁，牧羊人囊雀 18 岁，赶马的尼玛汪堆 54 岁

平康沙巴巴桑 57 岁，赶毛驴的索登 30 岁，卫居宁顿 26 岁，牧羊人达赤 42 岁

贡绕豁卡玉居平贡 37 岁

如实报。

15. 江洛朗新辖政府民名单

敝民江洛朗所辖政府民加错差地马岗和顿岗十六岗半另四分之一的差地支差的差民：

热隆桑康沙巴丹真 43 岁，赶牦牛的汪堆 25 岁

德任沙巴达却 42 岁，赶牦牛的德诺 22 岁

仲莎沙巴却巴 56 岁，赶牦牛的贡督尔 35 岁

雪沙巴哈巴 36 岁，牧人伍珠 25 岁，赶牦牛的卓玛 21 岁

麦下尔沙巴章堆 22 岁

卧康沙巴扎巴 32 岁

吉康沙巴丹真 37 岁，赶牦牛的奔国 46 岁

介卡尔沙巴汪堆 47 岁

多尔亲德起沙巴尼却 52 岁

则林沙巴赤旺 54 岁，赶毛驴的赤打 37 岁

卡伍沙巴达吉 42 岁

幺下尔沙巴贡嘎 36 岁，赶毛驴的桑什 31 岁

价古沙巴边巴 46 岁

来对沙巴多赤 47 岁

如实报。

16. 江孜六大管家修筑抗英工事时所出工具账目（收据条）

重孜：铁锹两把，十字镐三把；

格西：铁锹两把，十字镐三把；

彭德：铁锹两把，十字镐三把；

色觉：铁锹两把，十字镐两把（收回一把欠一把）；

江洛：铁锹两把，十字镐三把；

帕拉：铁锹两把，十字镐三把。

共收到铁锹 12 把，十字镐 18 把。

17. 江孜宗雪巴属民征收武器登记

水土年在江孜宗雪巴征收武器刀、枪、矛之登记，单在卡东

蜜直（名叫金名吉）所管辖户：

耸吉卜：枪一支、刀一把、矛一支。

缺顶：枪一支、刀一把、矛一支。

结啥履扛：矛一支。

在索切和妈哦两头人所管辖户：

德绕奶布：刀一把。

平措吉、彭登：刀一把、枪一支、矛一支。

达惹夏、汪堆：枪一支。

在妈登蜜直所管辖户：

商人慈登：刀一把、矛一支、枪一支。

交履戈顶商人拉慈：刀一把、矛一支。

密慈嘎霞：刀一把、矛一支。

覆雪搭慈：刀一把、矛一支。

在拉哦密慈所管辖户：

达喜商人班登：刀一把、枪一支、矛一支。

商人王康：刀四把、枪两支、矛两支。

堆德商人索慈：刀三把。

德日贡次仁登日朱刀一把，矛一支。

瞎龙索慈：刀一把。

班觉德莱：刀一把、枪一支、矛一支。

在拉直密直切多所管辖户：

嗯盆康：刀一把、枪一支、矛一支。

盆康属民慈盆：刀一把、枪一支、矛一支。

吉卜龙居迷神：矛一支。

觉巴贡多：矛一支。

在桑多蜜直欺卜所管辖之户：

岗居：刀一把。

接岗：矛一支。

在蜜直康霞所管户：

尼孝：枪一支。

加冲：刀一把。

在蜜直达霞所管户：

东抢格桑：矛一支。

蜜直格西：刀一把、矛一支。

在蜜直接嘎白覆所管户：

宗接朗：枪一支、刀一把。

巴岗：枪一支、矛二支、刀一把。

白霞：枪二支。

江学：枪二支、刀一把、矛一支。

以上总共枪 18 支、刀 27 把、矛 23 支，除此以外又有康马的枪一支、矛一支、刀一把。

从拉萨到江孜沿途各宗豁及头人群众等知悉：

上述沿线各地区凡是押运军用品之押运员所需之骑马一匹、住房、烧柴、渡河等方面均要给以方便，随到随即能走，不得有误路程，到达指定的地方以后，应将此路证缴回不自留。

“西藏大会”①

水鼠年五月七日

---

① “西藏大会”是由三大寺的代表和噶厦组成的，它是可以决定重大问题的具有最高权力的会议。

18. 卡涅和朗所属百姓名单

江孜宗墟除本和列宗各一人，墟的支公差的“多尔岗”地三约十五分之一岗，另“扎真”（差名）一岗，给政府墟豁卡支差的有一岗，给政府支“嘎东”差的一岗半等岗地差民名单：

伙夫甘登

监工的亚尔结 32 岁

赶马的登培 31 岁

赶毛驴的平措 34 岁

尼玛赤仁 36 岁

看牛的巴楚 22 岁

给墟豁卡当差的仁真 27 岁和烧火的米玛赤仁 33 岁

洛马尔“西尼”日尊 39 岁

高西扎百的监工达国 29 岁和犁地的达宿 20 岁

高西扎百的百姓给高西当“西约”的有差岗两岗地的沙巴本什 48 岁

藏堆 20 岁

又支一岗“差岗”的诺尔什 31 岁

给江孜墟支公差的一岗地的差民沙巴汪钦 27 岁

牧羊的哈赤 23 岁

赶毛驴的汪堆 54 岁

江热支公差的两岗差地的差民沙巴洛金 25 岁

另外支两岗地差的差民沙巴措汪达吉 27 岁

另居住的多汪 50 岁

政府西卡江热“西堆”丹真 45 岁

支一岗半地的差民沙巴公桑 32 岁

赶毛驴的多吉 24 岁

支差岗一岗地差的差民沙巴赤仁多吉 28 岁

支一岗差地的差民多吉 45 岁

罗马仲麦的支差半岗的差民沙巴赤旺 32 岁

赶牦牛的扎西 27 岁

支差四分之一岗的差民沙巴诺布 38 岁

赶牦牛的诺尔登 18 岁

支差岗四分之一的差民沙巴普次 39 岁和尼赤 28 岁

支差岗六分之一的差民沙巴赤登 40 岁

支差岗三分之一的差民沙巴囊吉 25 岁

支差半岗的差民沙巴达瓦 28 岁

赶牦牛的刀吉 22 岁

有差岗四分之一的差民沙巴顿珠 27 岁

牧羊人赤旺 19 岁

有差岗四分之一的差民沙巴坡贡 26 岁

赶牦牛的却百 18 岁

差岗四分之一的差民沙巴边觉 51 岁

赶牦牛的俄珠 24 岁

牧羊人达瓦 22 岁

差岗六分之一的差民沙巴诺尔顿 19 岁

差岗半岗的差民沙巴坡奴 52 岁

赶牦牛的赤私 36 岁

牧羊人赤扎 26 岁

差岗四分之一的差民沙巴巴赤 45 岁

差岗六分之一的差民沙巴哈巴 30 岁

赶牦牛的格桑 24 岁

差岗四分之一的差民沙巴顿珠 59 岁

赶牦牛的却顷 22 岁

牧羊人大却 25 岁

牧羊人哈登 26 岁

差岗六分之一的差民沙巴赤旺 49 岁

差岗三分之一的差民沙巴宁张 30 岁

赶牦牛的昌决 23 岁

牧羊人母普顿 19 岁

牧羊人哈顷 18 岁

差岗十二分之一的差民沙巴达瓦 35 岁

政府牧人诺尔桑 45 岁

犁地的次诺 51 岁

一支古溪段短站差的汪堆 28 岁

支日喀则“降烟”（兵营名）兵两名的差民诺尔什 59 岁

盆措 57 岁

瓦顷 42 岁

诺布哈汪 36 岁

支政府公差一岗半地的差民沙巴多吉 37 岁

支差岗一约十二分之一岗的差民沙巴赤汪 29 岁

牧羊人平错 54 岁

支差岗半岗地的差民沙巴哈巴 44 岁

支差半岗另三分之一的差民沙巴平吉 44 岁

支差岗四分之一的差民沙巴百品 41 岁

支差半岗另六分之一的差民沙巴普顷 39 岁

支差半岗另六分之一的差民沙巴顿珠

支半岗差的差民沙巴贡桑 30 岁

支差岗三分之一的差民沙巴达赤 18 岁

支差岗三分之一的差民沙巴却雷 52 岁

赶牦牛的般觉 20 岁

支差四分之一岗的差民沙巴巴森 47 岁

支差六分之一岗的差民沙孙诺尔 40 岁

支差半岗差的差民沙巴哈吉 23 岁

支差岗一岗另六分之一的差民沙巴盆诺 40 岁

上述人员都是实报又上述内有枪 5 支、刀 4 把、矛 3 支。

19. 古溪政府差民统计名单

民古溪政府差民的差岗十一岗半，另五分之一的差役和政府洛德豁卡的“豁约”（为豁卡服役的人）支短站差的差民等内能打仗的人和武器数目清单如下：

百虾沙巴条朱其弟普尔诺，赶毛驴的普布

百洛沙巴达贡儿子顿珠和达盆

顷孜沙巴诺吉，赶毛驴的顿珠

汤百沙巴米赤

乃错尔沙巴江盆和儿子普布，赶毛驴的丹真

甲钦沙巴汪钦

桑康沙巴普尔贡儿子尼玛赤仁

则康沙巴藏堆，赶牦牛的涅顿

本吉沙巴达瓦

百马沙巴多章，牧羊人达贡，儿子米玛、诺桑

马江沙巴顿珠，牧羊人达瓦

掘江沙巴百顿

百惹沙巴尼归，赶毛驴的坡顿

乃普沙巴郭吉，牧羊人哈赤

康国沙巴桑德，牧羊人米赤

羌麦沙巴说盆，赶毛驴的哈贡，赶牦牛的顿则

江洛沙巴赤督，赶牦牛的阿旺和哈旺，牧羊人达瓦

吉康沙巴赤只，赶牦牛的索囊，牧人边顷

甲江沙巴国吉和赤旺，赶毛驴的普布，牧人藏堆

康雪沙巴哈赤

西百沙巴达赤

康吉沙巴国吉和诺桑，赶牦牛的达瓦和边顿

德沙尔沙巴达瓦，赶牦牛的巴赤，儿子巴国

诺康沙巴国吉，赶牦牛的哈巴

康洛沙巴顿珠，儿子巴赤和涅顿

则吉沙巴赤旺

德雪尔沙巴诺尔吉

虾朱沙巴汪久，赶毛驴的登赤，牧羊人百汪

康沙沙巴巴顿，赶毛驴的桑阿，牧人督尔顿，赶牦牛的普赤

日虾沙巴尼玛，牧羊人顿珠和扎西、结布

百雄沙巴达赤

则布沙巴边顿，牧羊人真孜

吉苏沙巴过吉

扎日沙巴达瓦和边赤

却布沙巴郭吉，赶毛驴的尼玛，牧人达瓦，牧羊人德诺，赶

牦牛的本顿

错奴沙巴丹真，儿子顿赤和顿盆

错吉沙巴尼玛

钦欠沙巴拉汪，牧人伍珠

价比沙巴仁钦，牧羊人普赤和边顿

西比沙巴哈德，赶牦牛的丹真，赶毛驴的洛桑，牧人顿珠

西钦沙巴却顷，赶毛驴的巴尔督，牧羊人伍珠

国古沙巴品措和降阳

总共101名，内有“沙巴”42名，大“根保”1人，短站“根保”2名，“多求”头人4名，赶马的6名，赶毛驴的11名，牧绵羊的7名，牧山羊的11名，赶牦牛的11名等，除此外余6名。

武器方面，汤百刀一把、甲钦刀一把、百马儿刀一把、马江刀一把和枪一支、盆江枪一支和刀一把、百日矛一支、乃布矛一支、江麦枪一支、江洛枪一支、甲江枪一支和刀一把，虾如刀一把、康沙枪一支和矛一支、却布矛一支、钦亲矛一支和刀一把、西比枪一支和刀一把、比补刀一把等。

敝民吉匈所辖鲁曲沙巴桑珠、牧羊人哈顷和哈督、赶毛驴的达赤、赶牦牛的达赤、赶马的卡督、宗百沙巴哈督、牧羊人赤仁、平措、卡百沙巴、真国、“多采”头人绕登、“根保”却柏、却国、赶毛驴的赤国、赶牦牛的丹真、牧山羊的巴勋、牧绵羊的却赤和赤囊、管水磨的赤旺、赶马的哈赤哈巴顿珠、觉求沙巴汪堆、赶毛驴的顷真、赶马的尼玛石塔、囊拉沙巴平措、赶毛驴的边巴汪堆、牧绵羊的吉卜、康沙沙巴尼玛次仁、赶牦牛的督陈、赶毛驴的丹真、牧绵羊的郭甲和赤登汪堆、百郭沙巴朱赤、

牧绵羊的尼玛列登、阿则沙巴巴则、汤拉沙巴平措、赶牦牛的尼顷、掘虾沙巴赤督、牧绵羊的真归、赶毛驴的普多、赶马的尼玛赤仁、米多、钦波沙巴丹真等共43名，内根保1名、多采头人1名、沙巴13名、牧绵羊的10名、牧山羊的1名、管水磨的1名、赶毛驴的6名、赶马的3名、赶牦牛的5名等，除这些人外剩余2名。

武器方面，鲁却巴枪一支和矛一支、卡尔百刀一把和枪一支、觉采矛一支、康沙尔枪一支、汤拉矛一支等。敝民所辖牧场内：却洛沙巴班中、牧绵羊的尼玛石塔和边巴、赶牦牛的边巴赤仁、顷沙沙巴多吉石塔、牧绵羊的诺布、吉康沙巴顿囊、牧绵羊的尼玛不塔、申吉沙巴哈督、牧绵羊的则盆和多吉藏堆、边百沙巴米国、牧绵羊的普布石达、石达次仁、洛康沙巴巴赤、德吉沙巴拉经、牧绵羊的尊吉、拉马沙巴多吉、拉羊沙巴多吉次仁、牧绵羊的顿珠、牧牦牛的湟督、尼玛赤仁、德绕沙巴石塔、牧绵羊的巴桑多吉和却累、牧牦牛的伍真、达瓦过甲、江巴沙巴过吉、牧绵羊的德钦和成留、洛沙沙巴不塔、则根沙巴则赤、牧绵羊的赤顿、则勋沙巴汪钦、甲本沙巴般登赤汪、牧绵羊的却拍和郭吉、牧牦牛的顿却和平措多吉、居巴沙巴多吉赤仁、牧绵羊的赤旺伍朱、哈巴赤仁、索俄沙巴赤归、牧羊人达顿和尼玛顿珠、桑拍沙巴扎西石塔、牧绵羊的达瓦、贡登沙巴赤仁扎西、牧绵羊的扎喜、平德沙巴班居尔、百统沙巴觉吉等共51名，其中有沙巴23名，牧绵羊的20名，赶牦牛的5名等，除此而外剩余3名。武器方面，枪3支、矛一支、刀一把等而外，再无人员和武器，这是实情。

上述情况是政府根保乃卜过吉和吉匈根保卡百真国，牧场根保甲本般登赤旺朗仲错德林等呈。

20. 枪沙洞“米孜”敏几和仲却所辖属民统计

木龙年二月二十九日，枪沙洞“米孜”（管户口的）敏几和仲却两个所辖户口中抽派年龄在 18 岁以上 60 岁以下的人员的名单：

普布次仁现年 28 岁

敏墟尔・边巴赤仁 23 岁和帕拉属民斗吉 29 岁

仲尼厦・布阿列 43 岁

降学所属百姓郑堆 52 岁

交类康・降巴丹真 35 岁

布累・宁登 42 岁

抹降・国百 60 岁

打尔基・涅登 17 岁

仑康・索囊赤仁 36 岁

涅赤 37 岁

结厦・哈汪赤仁 31 岁

尼玛汪堆 57 岁和他的儿子边巴石达 28 岁

达巴・平措丹真 45 岁和他的儿子边巴汪堆 21 岁

嘎章百姓边巴赤仁 48 岁

堆布・丹真却吉

达尔基・堆松巴 48 岁

囊沙尔・措村 46 岁

羌仓七母・伍珠却汪 53 岁

当补・哈巴赤仁 32 岁和他的佣人藏堆 34 岁

顿菊律康·阿列 52 岁

顿菊律康·仁真 39 岁

米玛尔

吉凶洋本

扎堆律康·益西哈汪

尊康沙·囊岗

扎厦尔·扎西平措

平措觉吉·哈贡 22 岁

宗墟尔·边巴 45 岁

宗墟尔·松巴

滤巴尔·涅顿 30 岁，其弟大次 27 岁

达吨

滤贡·贡觉 45 岁

堆拉·拉巴赤仁 34 岁

囊墟·涅督 33 岁

嘎由·扎西 36 岁

仓决 62 岁

藏真·达瓦顿珠

哈西·达则 59 岁

嘎乃厦尔·边巴赤仁 32 岁

哈西·石达 48 岁

班登涅巴·桑培 46 岁

嘎尔吉·平措汪堆

藏布·西绕和扎西次仁

敏基·扎拉 35 岁

达次

卧勋·达瓦却巴

等等。

21. 彭德朗所辖百姓出兵役的名单

按照噶厦的指令，彭德朗所管辖的仁岗村、打雄村、朗索村、结日牧场等的“公民”（即政府所直属的百姓）所征的军用马匹数前次已上报。政府的加、薪、哦三种差，每年政府所征收的粮食运送问题和宗的支乌拉及各豁卡支的豁约（即豁卡支佣人）等各方面的差役，群众的负担重，并且应征的兵差江炯兵和顿兵等的人和武器已经付役。以后还要弥补江炯兵和顿兵的人，以支付各种差役的所负人数现列于下面的名单中：

乃啥村尼布次呈来甘珍：兵岗和堆岗共两岗半，另二分之一岗（他的儿子群培）；另有刀一把；

平虑、罗珠：兵岗地和顿岗地共一岗另四分之一岗；

达吉、拉穷、江攻、巴慈：支短站差岗地半岗；

平雪、色达：兵岗和顿岗差地共半岗另二分之一岗；

平吉、达慈和儿子色达：兵岗和顿岗共两岗差地及纯丁岗（差的一种名字）一岗地；

宗啥、多吉哦珠：兵岗和顿岗差地共两岗半另二分之一岗另有赶毛驴的一人；

加直贡桑：顿岗六分之一岗，赶毛驴和赶马的一名；

加雪、诸卜和儿子日雒：兵岗和顿岗共一岗另三分之一岗的差地，赶马者一人格桑达瓦；

呈罗、索朗：兵岗和顿岗共一岗另四分之一岗差地，赶驴和马者一名，牧羊者一人；

则地、喜绕扎西：兵岗和顿岗共一岗半差地；

摄徐、土多：兵岗和顿岗一岗半另三分之一岗差地，赶毛驴一人及儿子旦真；

妈雄、呈哦和儿子巴慈：有二分之一岗的差地；

桑卡、××××：兵岗和顿岗共三岗差地，佣人一名，赶毛驴的一人，牧羊者一人；

扪康、慈王：兵岗和顿岗共两岗半另二分之一岗的差地，赶驴的一人，牧羊一人；

则康、登珠：有兵岗和顿岗共两岗差地，赶毛驴的一人；

牙热、拉柄：有差役地半岗另四分之一岗地；

宗雒、多结：有兵岗和顿岗共两岗半另二分之一岗差地，牧羊一人，赶马、驴者各一人；

统吉、巴桑：差役地四分之一岗；

达戈多结和戈吉：有兵岗和顿岗两岗另八分之一差地，（儿子拉色）赶毛驴的一人，牧羊人两名；

阿迷、色达和普布、尼麻：差役地半岗；

吉履、哦珠：给谿服务的差地六分之一岗；

宗答：枪一支、扪康刀一把、摄雪矛一支、扪康人一名；

襄索白哦盆错和拉慈、桑布：兵岗和顿岗八岗半另四分之一岗，赶马、牧羊各一人，赶毛驴的三人；

达贝、占堆：兵岗和顿岗共三岗地，赶毛驴的牧羊的各一名；

丁穴、多结和儿子罗布：差役地一岗；

日霞德钦和迷麻：差役地一岗；

加霞、板登：差役地三岗，赶毛驴的一人，牧羊的一人，刀一把；

隔日牧场根保王钦：顿岗 15 岗，人 22 名，其中有 3 人系租佃户，枪一支、刀一把、矛一支。根保和他的儿子身体很弱。

以上所报人数属于实情没有漏掉一人。

年　月　日

22. 江孜和白朗等地所派僧兵和民兵清单

木龙年英军侵犯西藏的时候，派援兵的数目清单：

二月二十九日江孜民兵中选出打台枪的共 30 名（名单另有）和白居寺僧兵 100 名，另带队的两名；

二月二十三日从江孜民兵中抽派修工事的 30 名和领队的一名，所去的人都带有工具；

二月二十四日“扎西降觉”（代本名）散兵中无病者 44 名，交给其丁本洛桑和诺布两人，带送前线。

又：二月二十四日，白居寺第二批僧兵 100 名和领队两名。白朗嘎东寺僧兵 32 名，领队两名。百岗和锡出两寺僧兵共 15 名，白朗地区民兵 41 名，带队的两名。哈桑寺僧兵两名。日新寺僧兵 8 名，天觉林寺僧兵 7 名，重孜寺僧兵 3 名，娘济寺僧兵 6 名。驻乃沙的“扎西降觉”兵营的丁本顿珠所辖兵员公觉尼玛、丁本那汪所辖兵员多吉拉旺和索朗诺布。

下聂如卧扎寺昆顷拉章人数报告清单：

喇嘛登觉现年 37 岁，其下有一人 33 岁，佣人歇珠现年 59 岁，他的大儿子 29 岁，小儿子顿珠 24 岁等，并未虚报。

23. 江孜地区的“东”兵名单

水兔年奉钦差大臣下达的命令已经叩接到了，奉读之下敬悉内意。江孜地区的“东”兵已经准备好了到战场上去，为了能够更好地做好审查，现将各班的花名册呈上：

第一班班长襄雄（政府民）张都 51 岁

士兵：

忍岗旦真 26 岁

阿霞彭多 19 岁

达雄扪康加卜 21 岁

达果迷麻 28 岁

襄雄白哦贡桑桑 34 岁

隔着襄结 26 岁

却巴 29 岁

彭德属民卡曲巴桑慈仁 20 岁

巴桑王堆 23 岁

第二班班长东卜提真哦珠 30 岁

士兵：

桑林属民王堆 22 岁、边巴多结 19 岁

迷麻慈仁 21 岁、东卜属民旦真 23 岁

日新札吴属民普卜桑珠 19 岁、达瓦 23 岁

普布却巴 20 岁、乃宁曲西属民旦真甲卜 30 岁

罗桑札喜 25 岁

第三班班长格西属民襄卡达瓦 53 岁

士兵：

普布慈仁 23 岁，霞札搬登 33 岁

拉拢边巴慈仁 21 岁，郎布诺结 26 岁

隔沙楚成 21 岁，必吉多结 19 岁

妈巴仁真襄结 21 岁，曲贡多结 33 岁

炯错慈顶色居 42 岁

第四班班长格西摄仓达瓦 25 岁

士兵：

唐伯属民迷慈 25 岁，狼窝尼玛彭措 45 岁

彭措 28 岁，盖措 25 岁

热作普慈 49 岁，巴桑色达 21 岁

宁堆边巴 25 岁，狼桐边巴多吉 43 岁

安整嘎边巴多吉 25 岁

第五班班长江学的属民精巴甘呈 35 岁

士兵：

多吉慈仁 36 岁，棍角襄结 35 岁

热柏罗桑 29 岁，绿麻迷麻 20 岁

乃龙诺卜 31 岁，埋伯土丹 30 岁

江整轮珠 37 岁，宗炯普布色达 × × 岁

恰们达瓦慈仁 31 岁

第六班班长安整色觉的属民加栋哦珠 21 岁

士兵：

狼窝桑罗乃莫诺卜 18 岁，桑堆霞巴绕点 22 岁

米吉张都 21 岁，哭屈德瓦边巴色达 27 岁

羊达吉来洛桑 24 岁，竹曲达瓦 40 岁

哦札戈结 53 岁，索朗却巴 42 岁

嘎精迷麻慈仁 20 岁

第七班班长江洛郎瓦达桑尼玛顿珠 28 岁

士兵：

加雄旦真 53 岁，拢爬巴桑慈仁 30 岁

开甲益西彭措 41 岁，呈王居迷 39 岁

甲吉慈仁色达 34 岁，札喜 44 岁

江蹲洛沙多吉 30 岁，江麻群培 33 岁

唐埋迷麻戈吉 21 岁

第八班班长康扎旦巴 38 岁

士兵：

汪堆 35 岁，抬举松巴 ×× 岁

张都 22 岁，平吉街 20 岁

康扎平普布慈仁 30 岁，结皮康麻及麻王堆 24 岁

扎西慈仁 20 岁，拉布慈仁 25 岁

巴桑慈仁 25 岁

第九班班长襄肉扎西呈王 48 岁

士兵：

多吉慈仁 40 岁，拉穷 31 岁

诺结 19 岁，吞珠慈仁 45 岁

吨嘛尼麻 41 岁，普布吞珠 26 岁

慈仁诺结 50 岁，呈任邦王 37 岁

松巴 20 岁

第十班班长帕摄仁真桑卜 31 岁

士兵：

张吉彭多慈仁 26 岁，札霞巴桑 20 岁

白轮则霞白马仓决 22 岁，戈登慈仁诺结 27 岁

邦松达瓦慈仁 32 岁，必嗷达瓦戈结 24 岁

日雄拉巴慈仁 22 岁，巴桑张都 22 岁

推及多吉 51 岁

第十一班班长巴桑色达 33 岁

士兵：

帕登沙仲整贵结卜 25 岁，次乃精巴 25 岁

雄康枪多王 34 岁，拉巴吉巴 33 岁

苏岗结卜 40 岁，康松多结 29 岁

嘎精襄炯 19 岁，拉巴慈仁 21 岁

结卜 57 岁

第十二班班长吉雄达瓦色达 22 岁

士兵：

彭措 23 岁，晴着达瓦登珠 19 岁

多吉王卜 37 岁，达瓦王堆 34 岁

彭尼洛桑 32 岁，彭德巴桑竹结 46 岁

边巴慈仁 30 岁，妈热尼麻慈仁 25 岁

欺白札巴 18 岁

第十三班班长撑雄达瓦戈结 34 岁

士兵：

麦吞尼吞 21 岁，拉旦 26 岁

达慈 30 岁，则雄巴慈 40 岁

参雄平措 31 岁，乃堆达瓦王堆 23 岁

多结张都 26 岁，多德巴桑旦真 21 岁

鸡雄巴桑慈点 22 岁

第十四班班长宗顿忍霞白马仁真 47 岁

士兵：

麻茶旦珍多结 26 岁，沙岗巴桑戈结 21 岁

曲瓦尼麻戈结 19 岁，东处拉巴色达 27 岁

热门盆措 25 岁，岗卡盆措 27 岁

达布呈王 21 岁，们枪王堆 21 岁

于葱巴王 23 岁

第十五班班长骨雄达瓦慈仁 53 岁

士兵：

迷慈 21 岁，宗迷摄吴多 25 岁

白林普布慈仁 30 岁，轮白索朗布诺 54 岁

炉霞多多 20 岁，吉卜尼麻王堆 27 岁

襄洗旦真色 27 岁，白卖尼麻王堆 20 岁

安整宗拉达瓦结卜 21 岁

第十六班带领五人的班长王爵，伯王堆 38 岁

士兵：

多吉色达 24 岁，嘎登普布旦真 20 岁

张鲁索朗却巴 22 岁，襄索冲错普布慈仁 23 岁

江孜宗

24. 贵族甲念给江孜宗的民兵名单

甲念秘书使用有“雄纠”马岗“江孜学雄纠”等土地，本人是宗秘书，也是军饷管理员，现将 17 岁以上 60 岁以下的人名单登记如下：

本人

热隆头人的佣人“乾登”“亚姐”“格坡洛桑”三人

赶牲口（十六个）者“单批”“柱令二”

赶毛驴者：尼玛慈仁、平措、多杰三人

学豁卡的负责人二：米玛慈仁、坡单

赶耕牛者索血

除上述人外没有了，也无假。共 12 人。

25. 贵族金嘎格西属民名单

格西百姓内除看马的、种田的、老弱残废者外现有男丁名单：

哈巴汪堆 43 岁

哈久 28 岁，平措 29 岁

日沙丹真 27 岁

哈洛尼玛顿珠 30 岁等人

刀和枪除贵族本人出外，尚有两支枪、三把刀，弹药实无，上报属实。

高西尼巴·哈盆谨呈

26. 热隆牧区民兵名单

热穹沙巴·阿旺

哑巴顿珠

巴顷沙巴·嘎玛

哑巴洛藏

平桑沙巴·尼玛

运输人员边巴

则布沙巴结布

平诺沙巴·顿珠

诺马沙巴·亚拍尔

赶牦牛的顿珠

德日沙巴·边顿

赶牦牛的什盆

德绕沙巴·普布

热汪沙巴·降巴

赶牦牛的顿阿

刀登沙巴诺布

赶牦牛的桑珠

洛林沙巴·多林罗布

多阿沙巴

则奴沙巴·谢瓦

巴西沙巴·尼升

赤则沙巴·囊打

嘉苏沙巴·普赤

日新沙巴·班觉尔

赶牦牛的贡桑

平吉沙巴·汪吉

错巴沙巴·盆多

桑吉沙巴·只桑

囊巴沙巴·汪杰

赶牦牛的朱却

却郭沙巴·百桑

边巴沙巴·边赤

隆康沙巴·诺尔顿

帕觉沙巴

洛康沙巴·顿登等人

27. 贵族多德属民“堆穹”名单

敝民贵族多德属民“堆穹”和“江江”的 18 岁以上 60 岁以下男丁的报告名单：

住藏扎的则盆 26 岁。

住沙培的拉巴觉吉 19 岁，汪堆赤仁 18 岁，牧山羊的达诺 17 岁，儿子赤登 18 岁，赤仁石塔 28 岁，赶毛驴的则盆 26 岁，石塔 52 岁，却巴 18 岁。

西达的监工（鸭）赤仁 53 岁，管骡子的诺吉 47 岁。

噶达的监工诺吉 49 岁，尼玛旺堆 22 岁。

墟卡彼的监工任督尔 57 岁，牧绵羊的哈巴赤仁 32 岁和普顿 18 岁。

多德家牧绵羊的尼玛盆多 35 岁，管耕牛的却培 42 岁，以及巴桑石达 20 岁。

管理水磨的拉巴顿珠 18 岁，哈巴盆多 19 岁，米玛赤仁 18 岁。

桑条麦乃母处住的诺布 18 岁。

住嘎龙的巴桑却巴 23 岁。

住扎朗镇吉家的贡条桑德钦 57 岁，儿子甲列顿珠 28 岁。

普朱（牧场）普布旺堆 48 岁和哈巴赤仁 47 岁，赶马的诺吉 28 岁。

负责差役的顿赤 28 岁。

只卡的监工汪洛 28 岁。

汤嘎德吉的沙巴扎西绕登 41 岁。

护法神经堂内挂的有“藏扎”（类似台枪）一支和枪一支等，再无其他的，上述人和武器未有隐瞒，全属实报。

多德代表顿赤

水兔年七月二十七日呈

28. 班登尼姑寺属民名单

敝民班登尼姑寺根据指示能够去打仗的人马和刀、枪、矛、子弹、火绳（捻子）等数目呈报。

除老少衰弱外，另外给寺庙服役的牧羊人云珠 37 岁，赤登诺布 39 岁，丹真 28 岁，多吉 30 岁，牧场的格桑 50 岁，赶牦牛的达瓦 41 岁，哈布 46 岁，尼您甲布沙巴巴赤 39 岁，康到沙巴哈登 33 岁和普却 24 岁，百打沙巴尼玛 51 岁和哈顿 25 岁，贡布 27 岁，多尔吉 30 岁，品督 27 岁等，以及在护法经堂内有不能用的几支枪和几把刀，除此而外没有弹药和火绳等，所报是实。

尼巴桑培呈

29. 贵族楚嘎哦属民向江孜宗的呈报

贵族楚嘎哦叩首呈报楚嘎哦和所属差民人、马、武器、火药、弹药、火绳等物，遵照指示如数的呈报上去：

贵族楚嘎哦自己家中：

大土枪一支、小土枪三支、刀三把、矛二把、火药两藏升（即十分之一藏克）、土子弹 200 粒、火绳 19 庹、马 3 匹、人 3 个，除此之外再也没有多的了。

贵族楚嘎哦下属百姓的各家中：

康雪沙巴彭多 32 岁、西觉 29 岁

强学隔属 26 岁

豁卡拉汪 31 岁

桑吉拉结 34 岁

霞徐詹堆 48 岁

哦仓索登 35 岁，差该户佣人普顶 26 岁

襄罗尼结 37 岁

霞本札奎 18 岁

康啥甘登 44 岁

罗学胆罗 45 岁和绕点 41 岁

德岗尼汪 21 岁

诺陆詹堆 42 岁

塔江色达 53 岁和赤张 20 岁

吉雄白扬 28 岁

康哦赤却 32 岁

以上所报属实没有虚假。

30. 涅如乃龙村无人参加民兵的报告

江孜宗：涅如乃龙村向江孜村呈报申请无法参加军队的壮丁。我们全村种四个半差岗的居民按全村的人员实际情况，无虚假的上报如下：

达吉差民达瓦现年 31 岁

曲达沙巴轮朱 58 岁

达洛沙巴尼麻 32 岁

洛哦沙巴轮多 40 岁

喷吉（赶驴者）丹珍 30 岁

襄布沙巴却巴 28 岁

霞顶沙巴羊交 27 岁

以上人家仅能维持支差，抽不出一人参军，望祈谅解。

31. 贵族朗吴朗嘎属民名单

江孜宗：贵族朗吴朗嘎下属之平民在张卡地区所住的及张卡雪的住户中除去老头小孩之外，现将壮年之人员名单报上：

龙居沙巴王堆 49 岁和密麻旦真 23 岁

龙哦沙巴喷洛 37 岁和朗苏 29 岁，排结 26 岁

伯奴沙巴拉则 46 岁和棍桑 39 岁，巴桑 29 岁

伯霞沙巴彭措 48 岁和旦真却巴 26 岁

卢定沙巴慈戈 48 岁和忍珍 31 岁，边巴戈结 21 岁

卢下沙巴棍嘎麻朗 48 岁和本鬼 31 岁，结卜 21 岁

吉奴沙巴巴色 42 岁和塔奴 40 岁，普诺结 21 岁

奴下沙巴密却 42 岁和却来 29 岁

诺伯沙巴拉巴吞珠 35 岁和桑丹 29 岁

奴下苏巴多结 47 岁

张布又嘎沙巴索赤 49 岁和王甲 26 岁

以上所报完全属实毫无虚假，另外武器弹药一概均无，请以后查对。

根保洛定盖章

32. 贵族洛国吉甫本人和百姓的名单

根据噶厦“贵族和其百姓能应征兵役的男丁及武器战马等必

须上报”的指示：洛国本人和百姓的战马数曾经过“米孜”上报在案。

人和武器方面：洛国家有“马岗”地的户口人应出兵役 33 名和没有“马岗”地的出兵役 80 名共已出兵役 113 名，付给了江孜兵营。洛国因百姓不多，出上数兵役已常觉困难，并且 80 名兵役一点儿“马岗”地也没有，他们的口粮、衣服、武器等都须由其主人及全体百姓供给。凡能服兵役的都应征入伍了，不能应征的妇女要给主人出人头税，厨房做饭的和烧火的两人，背水的一人看马的一人，赶骡子的两人，赶毛驴的两人，监工的三人等都经由江孜“米孜”登记上报在案。关于武器方面，除入伍兵员带去的以外，其他有少数武器都被如本老爷携往边防驻地，没有其他武器。给江孜米孜登记时，遗漏的人员名单如下：

乃尼贡洛・藏堆

吉洛尼玛

乃藏顿次

囊百・藏堆

巴尼・贡桑仁登

桑林尊申

巴下・巴桑

觉吉・巴奴贡都

江甫・桑吉丹真

竹奎・真都尔

江热平康・诺吉

普却

打洛侧登

米赤

住在金嘎觉百家的赤仁平措等是原应征入伍兵员中阵亡的、病故的、退伍的递补后备人员，根据上级指示，为了宗教等的重要事情，本应服役，希望你处考虑情况处理。

吉甫·巴林汪堆和打西哈久江则炸拉等谨呈

33. 天觉林寺所属百姓清单

根据噶厦指令，为了抵抗外敌，凡公私事所属的人民在18岁以上和60岁以下者皆须服兵役，因此我寺所属的人员和年龄实报如下：

贡下沙巴·巴桑41岁。

当洛沙巴·涅失44岁，赶毛驴的般登20岁，藏堆24岁。

哈洛沙巴·绕吉38岁，赶毛驴的桑吉丹真51岁，达赤48岁。

亚绯沙巴·松巴赤仁57岁，赶毛驴的哈巴31岁，哈补其25岁。

绯江沙巴洛桑25岁。

扎下沙巴·大却26岁，普布顿珠25岁，囊多尔28岁。

吉甫沙巴赤仁盆多30岁。

打下卧沙巴赤额34岁。

江洛沙巴·奔国25岁，米玛尔28岁。

平吉沙巴哈赤44岁，哈赤34岁，赤登21岁，朱汪20岁。

边吉沙巴·色达赤仁55岁，尼色30岁，赤洛25岁。

边日比沙巴·赤汪藏堆47岁。

顿洛沙巴顿珠32岁。

平洛沙巴哈汪 56 岁。

平觉沙巴 · 哈赤 51 岁。

平康沙巴 · 巴什 56 岁，达则 36 岁。

顿下沙巴 · 普什 56 岁，巴桑汪堆 22 岁。

尼普沙巴 · 哈波 38 岁，达结 24 岁。

辛竹沙巴 · 多尔温 30 岁。

哑毕沙巴 · 坡汪 40 岁，丹真 33 岁，米赤 27 岁。

百岗沙巴 · 般赤 33 岁。

洋本沙巴 · 伍多尔 33 岁，丹真 25 岁。

那宿沙巴 · 诺尔深 24 岁。

德江沙巴 · 说结 57 岁。

囊鲁沙巴 · 普顿 55 岁。

勘满沙巴尼玛 33 岁，丹巴 30 岁。

百温降沙巴 · 巴次 49 岁。

说奴沙巴 · 哈次 52 岁。

说本沙巴 · 深囊 57 岁，巴桑结波 36 岁。

龙吉沙巴 · 列珠 39 岁。

郭赤沙巴 · 多深 59 岁。

百奴沙巴 · 多盆 44 岁。

以上所报人数毫无虚报，除上人数外再无多余。

（六）抗英民歌

公爵真神气

拉萨

阿沛勇猛过了头，
丢失色仁[①]落荒去，
江金阿妈[②]的难友，
雪康尼尼[③]也来聚。

索康缩头边角里，
路经不丹地逃去；
拉鲁公爵真神气，
坐守纳塘一带地。

附记：这首歌说的是1888年（藏历土鼠年），第一次抗英斗争时期，在英军以当时的先进武器大炮、机关枪等的猛烈射击下，只有明火枪和刀等武器的藏军的隆吐战壕被摧毁。当时的代本（团长）阿沛、江金、雪康三人逃到帕里，代本索康迷路误入不丹境内，藏军总司令十二世达赖喇嘛之兄——噶伦拉鲁公爵见

① 色仁：即铜炮。当时藏军有两门铜炮，被英国侵略军夺去。
② 江金阿妈：是当时人们给江金贵族起的绰号。
③ 尼尼：即姑娘或小姐，也是绰号。

隆吐战壕已失，召集官兵，在纳塘修筑战壕进行自卫反击。

轻而击退敌人

犹如起舞后退，
轻而击退敌人，
教敌廓尔喀[①]军，
翻过山岭撤回，
也该打退他们，
也该我们快乐。

落花流水被打败

峡谷关隘路险要，
明火枪威力无穷，
外国洋人大鼻子，
落花流水被打败。

附记：1904 年（藏历木龙年）第二次抗英斗争时期，藏军在曲米新古受到挫折后，坚守在峡谷险道上等待反击。藏军从山上以明火枪排列同时射击，并排放礌石，杀死了大批的英国侵略军。

① 廓尔喀：廓尔喀系尼泊尔境内的一个部族，以该部族青年为主组成的军队，称为廓尔喀军。这里指 1788 年的廓尔喀战争即尼泊尔和西藏的战争。

全被鲜血染红了

阿达[①]工布军来了，
洋人人头落地了，
乃宁寺的石板地，
全被鲜血染红了。

附记：峡谷战斗结束后，藏军民兵、僧兵等继续在乃宁寺的山顶上组织狙击，英国侵略军一到此就遭到反击，英军大部分被击毙。战斗进行了两昼夜，当时藏军主力开进江孜，一部分工布军和昌都地区的硕般多、达隆宗、洛隆三县民兵以及僧兵留守在乃宁寺进行反击。由于武器悬殊，乃宁山头被敌人占领，藏兵进入乃宁寺大殿，关闭殿门待敌。当时英军军官札聂萨哈和 130 名英军进入乃宁寺大石板地，他自己坐在椅子上，向大殿内的藏军高喊投降。此时大殿门突然打开，藏军一齐出动与英军在石板地上进行了肉搏战。阿达尼玛札巴一挥刀，把英军军官札聂萨哈劈为两截，战斗进行了一两个钟头，把在寺的英军全部消灭了。

生命便被风带去

劝他别去他去了，
恩牟隆巴不听劝，

① 阿达：即阿哥，西藏工布地区方言。

两眼没见洋鬼子，
生命便被风带去。

附记：英国侵略军以狡诈的手段，在曲米新古杀死拉顶代本等人的噩耗传遍了日喀则地区。日喀则宗本（宗为县级行政区域治所名，宗本指负责行政事务的官员，相当于县长）雪中恩牟隆巴听到消息后，勃然大怒，决心前往前线，立即报告噶厦。到江孜后，一天他骑着一匹白马，雄赳赳气昂昂地准备孤身冲入敌营，他的亲友劝阻，他却不听，单身匹马向敌营冲去。可惜未到敌营，便被英军射来的密集枪弹击中身亡。

哲林十分神气

哲林十分神气，
仍在驻守阵地，
加札过于狡猾，
头也不回溜掉。

附记：以哲林代本和加札代本为首的藏军联合抗击英军，并誓死坚守宗堡，不让一个敌人进入。后来，在敌人强大炮火下，江孜宗堡被攻破，宗堡内的加札代本及一批士兵，撤退逃跑了。而哲林代本和另一批士兵，继续坚守宗堡，用石头、滚木、长矛等对冲进宗堡的英军进行反击，并用刀和敌人进行了肉搏战。最后誓不低头，从宗堡后山跳下悬崖，壮烈牺牲。

积蓄财产何用

江孜碧玉之地，
驻满外国军队，
哎呀如此情景，
积蓄财产何用？

附记：英国侵略军所到之处，人民的生命财产毫无保障，人们日日夜夜提心吊胆。

显示神威真壮观

（一）

一声复仇的怒吼，
响彻慈松塘上空，
犹如杜鹃鸟飞落，
冲入敌军兵营中。
英雄好似格萨尔，
挥刀杀了外国军，
显示神威真壮观，
吓得英军逃无踪。

（二）

哲蚌尼姑寺庙，
开锅不向外溢，
色拉乞丐稀粥，
没开就向外溢。

附记：1904 年英国侵略军抵达拉萨，扎营在拉萨以北慈松塘，色拉寺和哲蚌寺的一些僧人密谋，决定冲入敌营，杀掉全部英军军官。巴日库和娘热等拉萨以北郊区的农民与改穿俗装的僧人，在几天内佯装向英军营地卖蔬菜等物，暗地侦察军官住处。待摸清敌情之后，确定时间，集中起来假装去卖菜，进入敌营准备杀掉主要军官。第二天，僧人未汇集之前，一位色拉寺武僧，抢先来到预定地点，他等不及伙伴们，独自闯入英军兵营，冲进了英军军帐内，抽出刀子杀了一名军官，并杀伤数名英军，在一阵混乱中，这位武僧被帐绳绊倒在地，立即被英军捕住杀害，并将武僧的尸体放在流沙河，向拉萨市民示众七日以示威吓。这样更激起了拉萨市民的愤慨。为了歌颂这位色拉寺武僧，人们在大街小巷张贴颂词，或作歌传唱。第二首歌的意思是说哲蚌寺像座尼姑寺，行动犹如女尼迟缓；色拉寺僧好似饿极的乞丐，等不得粥开锅便急着吃，两寺僧人都坏了这次偷袭英军的计划。

打中英军鼻子

柔和羊毛编的，
九眼抛石带子，
抛自曲米新古①，
打中英军鼻子。

早已剑拔弩张

英帝侵略西藏，
哪有那么便当，
雪、达、洛②的军民，
早已剑拔弩张。

披着马褂的旱獭

如今新闻消息，
却无好听之言。
披着马褂的旱獭，③
翻山越岭入侵。

---

① 曲米新古：第二次抗英斗争时期，江孜和帕里之间的一个战场。传说有一个牧羊人曾在这里用牧羊的抛石器扔石块打击英国侵略者。
② 雪、达、洛：指昌都地区的雪巴宗、达巴宗和洛隆宗。
③ 旱獭：指英军。

早已严阵以待

佛教之敌洋鬼，
如狼进入羊圈。
我方十六、六十，[①]
早已严阵以待。

心怀鬼胎的英人

心怀鬼胎的英人，
假意与我谈判。
怀着诚心的人们，
却遭到残杀。

只是负担而已

对于魔鬼军队，
如不狠狠报仇，
所带刀枪长矛，
只是负担而已。

英军人群当中，

① 指 16 岁至 60 岁的均要求参战。

"工马"[①]阿达冲去。
挥动手中大刀，
英头似如割麦。

"萨黑"贼头贼眼

江洛兵营内的，
"萨黑"[②]贼头贼眼。
光天化日之下，
抢去姑娘可耻。

宗山本是堡垒

宗山本是堡垒，
加之格萨尔好汉[③]。
洋鬼如想送命，
敢过江洛大桥。

不让一寸土地

宗山上的扎林[④]，
早已严阵以待。

① 丁布江达部队的英雄。
② 指英军官。
③ 格萨尔式的好汉，民族英雄。
④ 指扎林部队。

哪怕男尽剩女，
不让一寸土地。

年楚河的波浪滚滚[①]

年楚河的波浪滚滚，
洗不尽江孜人民的心头恨，
雅鲁藏布江的水哟，
流不尽藏族民众满肚子的悲愤。

① 1904 年，英帝国主义侵入江孜后，奸淫烧杀无所不为，西藏人民恨之入骨。此歌反映了这种烈火一样的愤恨情绪。

（七）驻藏帮办大臣张荫棠对西藏报告的批示

你们所报告的内容已经知道了。本大臣应该能办的事，为你们西藏人民的事业要积极地办理，但是这里面有些是可办的，有些是不可办的；又有些因为权力在别人手里，我是办不到的；有些问题因未到时间而应该缓办，等等，这里的各种问题很多。因此现在就一条条的分别批示如下。

以三大寺为首的“西藏大会”所呈递的报告各条，本大臣是不辞辛苦、不分昼夜地给你们批示。本大臣给你们下交的各项讨论条款你们政府和三大寺对应讨论之条款，看起来很认真，但实际上是东拉西扯，究竟想怎么办并没有积极讨论后上报，所以把时间拖得很长，这些如各个追查的话，那是耻辱的事情。从现在的情况看，问题是很严重的，应该洗心革面，把以往的顾虑、不必要的想法，对事情马虎不认真的做法和态度都消灭干净。汉藏应该团结一致，共同想办法抵抗共同的敌人。再者，不要互相猜疑、互相欺骗，只顾个人的利益，隐瞒实际，说些虚假的话，这些只能得到暂时的快乐。就如把小偷放在自己的门口一样，小偷把东西偷走后，再后悔也是无用处的事。你们应该很好地讨论各重大问题的处理办法，很快地上报，以便于审查批复。

对呈报第一条的批示：

岗巴宗的边界问题是这次战争的主要原因之一，西藏人不愿依照光绪十六年所签订之条约中以支姆支山南、北分水处为界，要依照在乾隆九年所定以啊哦伯山为界，因此就互相争执。在界线尚未分清的时候，光绪二十三年准备以汉藏和外国共同调查并继续讨论答复中，英政府官员福特说：如果要以啊哦伯山为界的话，那么亚东的商场应该放到仁青岗去，并且要承认英、印商人可以随便到帕里去经商，如果能够这样的话，我们可以承认以啊哦伯山为界。可是对英方代表所提出的这些问题西藏并不同意，因此这次的谈判就停止了。这次福特带兵直到岗巴宗、加岗山和啊哦伯山等的驻防军所住的房屋均被毁坏，所有的驻防也被赶回来了，因而连保护拉萨安全都没有把握了。你们西藏的官员们曾经和英军重新签订的十条条约，应和光绪十六年所签订条约同样地遵守。你们已经承认过的以支姆支山分水处为界的界线，现在你们陈述又要以乾隆年间啊哦伯山为界的请求，对此问题本大臣为了西藏的事情向他们争土的愿望是有的，但是，两个国家的界线，应该互相讨论和承认才对。我是不能任意而为的。并且国家弱和国家强的斗争，在没有商谈以前先要用力量来说服。洋人奸诈、狡猾，他们私自将边界线移动，借故强占别人的土地是非常内行的。英国人借口说加岗一带等土地是属于锡金的，他们曾经筹划了很久想把它夺回去，开始没有阻挡他，所以就长期被他霸占，现在如再去争执的话是很困难的。并且我们现在打了败仗又订了一些条约，我们要违背这些条约能够去做吗？如果一点儿小事情我们不能忍受的话，事情闹大了，岂不是拿着鸡蛋碰石头？以前我们所受到的损失，今天还是应该看到的。你们西藏的官兵们想要复仇的话，需改变制度，发展自己的力量，训练军队，学习文化。要自己能够站起来的话，其他的民族是不敢再欺负你们的。另外从春丕到江孜之间的土地，几年以后，和加岗土地一样的要被人家夺去成为别人手里的。因此应该冷静地想办法。

对呈报第二条的批示：

亚东、江孜、噶大克三处的地方，要选择一个合适的地方建立商场，商场内的国外和国内的商人除了公平做买卖以外，在商场的外面，英人无论是买的土地或租的土地均不准盖房子。在商场的里面，英人如占用土地，要和汉藏官员商议，得到承认并决定地租以后，英人才能在指定地方盖房子。同时每年按规定地租一粒不少地交给汉藏官员，所交的租费应用在各商场的道路、兵费、裁判所需的开支费用。

对呈报第三条的批示：

关于内外双方的人民男女均应该相互依靠受保护，买卖不能随便被对方扣留。有问题可以做协商工作。在条约内详细规定：英国人到西藏传教应该严格制止，不允许他们在西藏传教。

对呈报第四条的批示：

关于陈述彼此双方的犯人互相交换的问题，可以做协商工作。在对逃跑的犯人互相交换方面，有些被坏人拐带走的人和拐骗钱财而潜逃的人等要指名，有关私人所损失的东西可互相交换，有关违背国家的问题的事情之类，没有以上这些规矩，这是全世界共同的法律。俄国和英国等国家犯了国法的逃跑者可保留。

对呈报第五条的批示：

关于陈述经商方面，只能彼此互相自由做买卖之外，不能强买强卖等问题可以做协商工作。英藏经商方面互欠债等问题要向两国的商务委员陈述理由，共同审查后公平地做追索工作，真正有债务还不起的，两个国家的委员没有代为还债的责任。若有商人的物资在运输中途被土匪抢劫的事，应该马上向当地的宗本报告，当地宗本和头人见到报告后，应很快地追查，并将被劫物资交还给失主。如查不出来宗本没有偿还的责任。

对呈报第六条的批示：

除了商场以外，英国人不准买土地和修建房屋等，和上述所批示的内容一样。

对呈报第七条的批示：

商场建立以后，根据物资的多少，公平地经商，不得强迫买卖。互相有什么临时问题应及时向商务委员报告并进行调查，各地方的斗、升、合、秤的价格应由买卖者双方做决定。

对呈报第八条的批示：

建立商场。英军的退兵赔偿费两项工作彻底做完后，按照条约，英国在帕里、亚东所执行的权利都一定会交还过来的。现在英国人在春丕，他们是为了取赔偿费和协商建立商场的事。地方上的官司问题，他们是没有权过问的，汉藏官员可以住在亚东管理民事。英国兵营内的官员们平时支催乌拉（牛马差役），给他们的赔偿费里并没减少，政府也无法发给乌拉工资，各地方的官员向英国官员再三地协商和提出，让其给民众更多的好处，马费多增加些，并要求英国的驻军和商场内的官员，应该有一定的数目等陈述。现在不便于同他们协商，在今后成立巡警机构以后，我们能够负责保他们安全以后，那就可以提出要英方撤军，亚东到江孜之间英国所建筑的营房等可以和英国协商，我们可以拿钱赎回来。

对呈报第九条的批示：

在商场问题上，西藏与外国人打官司时，应建立仲裁机构，由该机构共同审理，才符合询政局所规定的法律。

对呈报第十条的批示：

协议里边没有包含的不需执行，总之应在江孜派一得力官员，办得好坏与他有关，有些问题边界上可以解决，解决不了的，汉藏官员可到江孜去解决，英国官员不必到拉萨来。因为我们没有承诺英国人可到拉萨来。但是中国和法、日、俄、德等国领事馆是迎接居住外国人的地方，这是必要的，没什么坏处，主要是自己的力量强胜起来。近来五大洲开会时也曾这样说：如果一个国家把门闭住不对外经商的话，国家是不能强胜的。应该积极努力地保护自己的边疆，因此应想办法委派中国大臣到英法、日等国去参观，扩大眼界，同时到尼泊尔、不丹去考察，另一方面去做团结工作。

对呈报第十一条的批示：

除汉藏人员外，其他国家不准在西藏开矿，除商场外，英人不准到其他地方做调查工作，不准打猎，采矿等应严加禁止。

对呈报第十二条的批示：

各种小问题当地官员有及时解决和禁止的权利。

对呈报第十三条的批示：

商场的道路由西藏人整修。按照协议英人不准在藏修建铁路，英人可安设商业电台，来往通报商业事宜，这些不执行是不对的。

对呈报第十四条的批示：

三处商场现在还没有规定商业税，现也不用商谈，如收商业税时，可用在边界和三处巡警方面。地方上的收入用在地方上是合适的，不准个人私自吞用，也不准用于寺庙上。在亚东，光绪二十年以来建立了商业税，朝廷一点儿也没得到，同时每年贴补几万两银子，你们知道吗？

对呈报第十五条的批示：

关于上面已经批示过的乌拉和住处的准备制度应取消，外国人员也就不会再要乌拉了。

对呈报第十六条的批示：

江孜等地方不会强迫做生意的，对此英官已承认过，当地汉官和头人，为了西藏人民的利益也应与英官面谈，公平地解决，以免下面的佣人通司（注：翻译）捣鬼。

对呈报第十七条的批示：

糌粑是西藏人民的主食，不是因外商购买而上涨。尼泊尔、不丹是大量产米的地方，每年都有大批米运来出卖，并没有运回大批糌粑。现在情况是不是因道路匪情而不能运入，另外是不是因个别商人囤积等原因还不清楚。最近你们所打的报告里说政府每年将大批粮食囤积起来，本大臣绝没有想到你们会办没良心的事情，如真的话就应受砍头的罪。总之，粮价低对农民没有利，粮价高对贫苦人也有困难，两者求平衡，因此应作详细调查和追究涨价商人的责任而平衡价格，并应设法保护商业的发展。度量问题，应由商人自愿决定，不许个别囤积，这样做会平衡物价，你们陈述的各宗谿官员及头人做买卖、运输，都是带有强迫性的买卖不需再述了。

对呈报第十八条的批示：

木龙年西藏（地方）和外国谈判时，没有文字规定，你们政府没有注意受到了损失，这个问题曾向皇帝请示但没有批示，本大臣不清楚，待调查后再协商。近年来牦牛尾出口很多，因此喂牛羊的人也会多起来的，对西藏的财产也有好处。现在你们说对你们牲畜有妨碍，这方面你们说的都是傻话，不养羊要羊毛，不耕田要粮食，这个问题是无法决定的。硬性规定每户喂羊牛数是剥夺人们财富的想法。现在各种官员应予饲养户以奖励和保护，尤其是要发展经商，另外要购买机器和制造机器不使物资外流，这样会发展财富使国家富强，你们政府派官员去收管是有损人们经商。收集是为了个人的利益，剥夺人们的财富，你们把粮囤积起来现在看是确实存在的，你们官员的生活都是人民的血肉。听说你们不好好地去教育和扶持老百姓，只为了个人每天过快乐的日子，这种行为已到了极点，还不悔改的话，大清的法律对这种行为要给以严办，以快人心。并希望积极执行和下令制止。

光绪三十二年（1906 年）十一月二十一日

（此件来源于江孜宗政府档案抄件，仅供参考）

（八）驻藏帮办大臣张荫棠答西藏公众问答条文（抄本）

皇上派的西藏事务调查大臣张荫棠大人阁下：

三大寺和西藏地方政府的僧侣官员，以及“西藏大会”，一致申诉事由，最近大臣查问我们的条令，有几种都已作了讨论研究，分别答复如下。

1. 关于英国与中国西藏打仗问题。驻藏大臣向达赖喇嘛解释过，但达赖喇嘛没向皇上呈诉，随便地发起战争，把朝廷抛在后面，应受惩罚。你们噶伦和政府的代本及各种官员，也没有事先很好地把抗英理由申诉，只做些拍马屁的工作。现在战争失败了，老百姓遭受灾难，你们应该被砍头。以往，你们的报告得到过宽大没有？现在皇上无限地恩赐你们，如果你们遵守光绪十六年和光绪二十年所签订的条约，允许“外国在西藏有商业上的往来”的话，不会发生这次的战争。战争打败了，又被迫签订了十条协议，现在你们应该悔改以往的过错，用公正的心，积极做到符合皇上的心意。

答：关于这个问题，双方之间的战争，是前生注定的不可避免的事情。在战争上经验很少，无法阻挡外国侵略，不得不按照他们的心愿签订条约。皇上关照西藏地方小，缺乏对外交往的知识，不处分我们，我们非常感激。以往的倒霉事情，再重复地申诉，本来不敢。为了钦差明了原因，不得不申诉。如光绪二十九年，藏历水兔年有裕钢钦差送交给达赖喇嘛的圣旨，指示关于西藏与外国的问题要和平协商办，曾派汉官何知府、西藏官员冲达（秘书长代表）二人往岗巴宗去谈判。由于外国人用狡猾的方法，因而，返回后，英国有大批军队，越过了亚东关口，到帕里一带。当时又派了藏达、云达两代本和扎什伦布寺的大小僧侣官员，并派去驻防军。扎什伦布寺马嘎（二代本）等在曲米新古受骗，伤亡很严重，超过以往任何时候。根据祖先惯例和“西藏大会”与外方历来所签订的条约，本着皇帝疆土庶民不可抛弃，“西藏大会”决定召集民兵进行抵抗。由于时间关系，没来得及向上报告，以达赖喇嘛为首的全体西藏人民并不是不尊重皇帝的圣旨，并没有先向他们动手。尤其是达赖喇嘛，根本没有策划过军事上的行动等，希望谅解。这次指令也说是宽大，非常感激，以后还有详情后报。

2. 英军到拉萨，因为你们噶伦和英国私自签订了十条条约，失去了权利和财产，未经请示，应受自己应得的处分。你们所做的事情，皇上没有给你们严厉的处分，你们知道吗？西藏百姓是皇上的佛教百姓，因而西藏官员没有同其他国家签订条约的权力，私自订的条约是没有作用的。（张大臣还作了“中英在北京共同重新签订了关于外国在西藏的六条协议”等指示。）

答：关于这个问题，皇上为了西藏的利益，重新签订了协议，我们非常感激，这些抄本请赏赐西藏。英军到拉萨后签订协议方面，英国官员给予驻藏裕钦差，有八个条文的协议草案，问“西藏大会”是否通过并承认？以后将甘丹赤巴和噶伦，及公众代表等召集到衙门里，在汉藏官员共同集会的地方，英国人说英国国王来的指令内容，删改了原来的八条内容，同时又加上了对西藏有害的词句。他们所给条文，我们根本不能接受。钦差是由皇上特派的领导西藏的代表，因此西藏有什么事情，全凭钦差大臣做主。过去大家都申诉过，如还要我们比这个条约更坏的话无法办理。在布达拉宫签订了协议，盖上了达赖喇嘛的印、噶厦大会公章等。当时参加的有裕钦差等汉官和不丹、尼泊尔的代表，在西藏和外国双方等聚会的地方签订的。西藏人以前也好，现在也好，随便签订条约是没有的，望询问裕钦差便知，我们并非把朝廷置于背后，望向皇上转述。

3. 西藏的协议里边规定，在亚东、江孜、噶大克等三处建立商场，这是你们噶伦和西藏全体愿意和承认过的，现在不根据条约做是不行的。建立商场怎样做呢？一方面不丧失主权，同时对商业发展有利。如果不慎重的话，在商业上失败，比打仗失败还危险。现在各国都有商业来往，如我们闭门不对外经商，那么是维持不了的。取消排外思想，如商业发达的话，国家也自然会富强的。筹划军饷，制造武器，军队也会成为有知识有能力的军队。西藏地大人少，贫困的地方多，只靠种田和手工业，商业是否会发展起来呢？现亚东、江孜、噶大克三处，初步建立起了商场，对人民有什么好处和危害，你们是会清楚的。抵制外货，扩大对人民有利事宜，应作出调查和计划，呈报上来以便审核。

答：根据您的指示，我们怎样抵制英商和筹划军饷等，以后继续呈报。

4. 西藏文武大小各种官员和所属管的地方有多少官员，每年薪饷多少，地租收入有多少，寺庙收入多少，各种喇嘛多少等一一呈报以便审查。

答：关于这个问题，官员名单薪饷庄园有多少，最近与以往呈报的一样，政府所属各宗豁根据所指的条文，以后再调查呈报。

5. 在西藏签订的条约里，“在藏建立三处商场，如工作积极英人满意，三年后英兵可撤出春丕”，是有明文规定的，在工作中应做到与条约相符，以免他们钻空子，到那时他们就不得不撤出去。

答：以后怎样应付英人，我可想尽一切办法。三处商场建立的原因，我们过去打过报告，他们在什么地方盖房建立商店，根据钦差意图我们不得不办理。现下令筹划石头木料，明年天暖时召集汉人、英人、藏人共同协商，规范大小地址等确定后马上动工。赔款之款项，应由皇上库内支付。现明年赔款已经付清。商场建立后，英人再无故找麻烦了。万一他们不遵守条约借故生事，再向朝廷申诉情况。请皇上事先警告他们，以免后事发生。

6. 西藏处于英、俄两大国之间，虽然如此，它是中国的领土，外国不敢并吞的。如果有些人说：我们要倾向英国或俄国，都应该被消灭（即杀死）。另外，英、俄两国如在西藏制造内战或挑动脱离祖国，由它们来保护，这也是并吞的阴谋，根本不允许听闻的。皇上扶植西藏已经有两百多年了，从来没有收过一个小铜钱的朝贡，并且还给西藏发了数百万银元。（张大臣还作了“皇上对西藏亲如兄弟、血肉相连，永远不能脱离”等指示。）

答：关于这个问题，藏英战争后，英方说：今后加强团结，西藏的摄政王（甘丹赤巴）或是西藏（地方）政府的高级贵族，到印度去见他们的摄政王，经商问题就能得到很快解决，这对西藏有很大的好处。并且还举了很多例子，……用这些欺骗手段英国人是很内行的。在宗教上也不一样。所以，我们并没有离开皇上领导。西藏是依靠皇上的，没有听英国的话，到它那去。关于俄国方面，我们也是同样不会去依靠他们。今后西藏仍是要寄托皇上，不会寄托任何人的，希望仍照以前一样的来关照我们。

7. 西藏在内部力量没有充实之前，对边界问题不用过分地计较，在细小问题上能让步的可让步，应该先向皇上请示后才能做。在拉萨应该很好地辩论，研究各种法律等指示。

答：关于法律方面，遵照指示去讨论。关于发展自己的力量，及重新建军等方面按以下方面的办法去做。

8. 失掉拉萨市及达赖喇嘛的逃走，这是非常耻辱的事，对于参加战争的死伤的情况，应该张贴出来，挂在三大寺的大门口作为纪念，永远不应该忘记。对于和英方所订的条约，在有效期限内，不要去侵犯别人，怎样来防范呢？有的军队没用处，不得不学习外国的军事，有枪不能用，不得不购买和制造大炮、枪支。军饷很少，不能发挥军兵的力量。派遣密探，工事没有建筑在合适的地方。军队的兵欠缺射击训练，打得不准，所以就等于人断了双手一样束手待毙。对此情况你们今后应该怎么办呢？（张大臣还作了“要成熟地考虑，申述理由”等指示。）

答：关于这些问题，西藏是佛教区域，以往在军事上没有经验，在战前也没有准备。突然抵抗敌人，因而就失败了。今后敌人在离我们很近的地方，我们是很不放心的。关于重新建立边防军的问题，在原有前后藏 3000 名藏军数目的基础上，再补充为 1 万名军队。在军队的装备上，以前做了 1000 支步枪，射程很短，和敌人装备相比差得远，并且为数很少。如果要重新扩军是不够的，马上要制造新枪也是无法解决的。敌人诡计多端，突然的侵略是无法预料的。本来不敢说，但是情况是存在的。所以希望大臣转呈皇上，给我们赏赐步枪 1 万支（弹药要充实）和台枪数支。另外，请大臣在四川调一些造枪的技师来，我们也可以学习。

9. 训练新军筹划军饷，政府全区收入每年真正有多少，支出有多少，不应有的支出有多少。下存多少，过去训练了多少兵，过去西藏没有常备军，临时让民兵自带武器，自带食物，兵吃不饱，打仗是不可能胜利的。（张大臣还作了“如果平时有常备军几千名，有事应战会有很大的好处，你们考虑后呈报”等指示。）

答：政府收入和支出是相抵的，关于剩余问题，以后再打报告。本来说支出都是用在宗教上的，没有什么剩余，差役上的收入不够支出，每年还须动用政府库存。关于新建军问题，“西藏大会”代表曾见过钦差，有过指示，每年训 4 万民兵，10 年可训出 40 万民兵，再从其中抽出 4 万，作为常备军，其军饷是不能发给的指示，训练时候可按您的指示去完成。但是西藏农户贫困，地方小，大部分收入又用在宗教上。军饷不能解决，现有藏军 3000 名，前藏收入物资多一些，每岗可再抽出二名，后藏收入物资少一些，可每二岗抽一名。各公寺也按岗堆摊派一些，共可抽出 5000 名轮流训练，原有和现有可抽出 1 万名，要学习外国技术训练，都按指示办理。

10. 军饷筹划应事先从发展农业生产、发展商业、增加物资方面着手，应开展对外运物资的工作，如羊毛、牛皮、革等，这样对解决军饷有好处。

答：为了军饷开荒等指示，按照您的指示办理。

11. 西藏的金、银、铜、铁、锡、煤，现都在地下还没开采，如让老百姓开采，能抽一个钉子的税的话，也是有好处的；如不这样做，强调神鬼跑了运气，让其他国来开采的话，就没好处了。（张大臣又作了叫我们怎么办的指示。）

答：关于这个问题，过去在山南是开采过的，山南等地有金子，开采金子是有习惯的。煤、铜、锡等开采，西藏是没有经验和习惯的。现在外敌很近，我们不能说什么也不搞，但是有很多山上都有圣神，宝贵的雪山很多，但如果去开采，会把地下的气脉搞坏的，对我们是不吉利的，这是我们的认识，过去也有过报告。我们并不是不遵守您的指示，只要有适合的地方能开采一定开采。

12. 英军经占穷、岗多，新修道路直接到春丕后，江孜等一带怎样作防守。

答：关于这个问题，我们马上把守关口是有困难的，因军队训练不好，武器不好。现在我们应先训练军队，另一方面和外国先确定国界，建立商场，这样他们会撤出去的，那时看亚东等关口再把守是否可以？

13. 藏传佛教各宗派有区别，但性质是一样的，应怎样互相团结，全心全意地抵抗外来敌人。

答：关于噶举教派，它是一个单独的教派，其他教派都是为了宗教的发展和团结，都是一样互相不会有排斥。不丹如果不被英国侵占的话，同样会和我们团结共同为发展宗教而努力。

14. 西藏和尼泊尔、不丹等，土地是相连的，道路也相连，应互相团结，各自防守自己土地。

答：关于这个问题，与邻国和睦防止敌人是有好处的。因此西藏、不丹在宗教上是一致的，以往不丹人朝贡，先到拉萨来，原来都是团结的。西藏同尼泊尔有像兄弟一样的感情，在以往的条约内写明过，以后有什么要谈的再向大臣请示。

15. 尼泊尔虽说土地很小力量很大，近来他们学习外国军事和创造些新武器，能守住自己国家的土地。在这方面可以模仿他们，马上派噶伦代本去观察。

答：关于这个问题，现在我们一点儿武装也没有，仅仅学一点儿外国训练也没作用，待有了军备武器以后模仿他们，并且也可长期地维持下去。

16. 西藏官员来往时，向老百姓要的马差人差，给老百姓增加了负担，应该消除，应交雇马费，对老百姓是有好处的。

答：支差问题不仅是西藏地方政府的官员，还有尼泊尔、不丹、拉达克，以及蒙古、汉官和各机关用茶换烧柴、炒青稞柴火等，皇上派到拉萨念经所需的差役东西是很多的。如果说都免去，本来对老百姓是很好的，但是原有的制度现在取消是很复杂的，到底如何办，我们提不出来办法。在“西藏大会”代表向大臣送奏折的时候，您曾向他们说“差役问题你们不要愁”的指示我们非常感激。

17. 西藏的法律很坏，有时把人家的财产全部没收，应该按照大清法律进行研究，抛去坏的找好的，重新制定。建立上、中、下三层。仲裁机关委派仲裁掌管法律，根据情况建立不同的仲裁机关，使法律求得一致。

答：关于这个问题，西藏法律是以前王子所定下的法律。杀、偷、伤三种，根据他的轻重给以肉身惩罚，杀人无论是在哪一个国家都应是严重的，只有以命抵命的规矩。但是西藏是佛教地方，如真的杀人凶手愿意以命抵命，如不是故意，可受肉刑，后进行罚款，作为死者费用。另外有些法律根据情节没收，并不是一律同处，这些问题以后您会慢慢明白的。建立仲裁法可待我们研究后答复。

18. 西藏人没知识的很多，应同时推广藏汉文，使所有人都能读能写。

答：关于这个问题，我们动员广大群众，能建立小学的地方按您的指示去办理。

19. 道路不平、行动不便，不利商业发展，有的地方又有土匪出现，应建立巡逻机关，保护商业交通。建在什么地方，怎样保护商业来往。

答：关于这个问题，修平道路，防止土匪在所属各宗谿活动，藏政府以前，有密令和布告。另外噶厦应下令告各宗谿应特别严禁偷盗行为。巡逻机关问题，如需要建立的话，我们根据情况以后逐步建立。

20. 银行建立对商业工作有很大的方便，对商业也有很大的好处，原来西藏库银都是保存在库内，西藏小银币内很多假币，这样对人民危害很大。今后拉萨可建立总行，康定、江孜、日喀则、多林可建立支行，对商业发展会很有利等。

答：关于这个问题，上述各地建立银行，西藏地区很小，费用都用在宗教上和喇嘛念经费了，没有什么剩余库存，每年都要贷出去，库存不多都是事实。暂时建立银行是没办法的，现在我正在造银币，可停止下来。现另造五钱、七钱五、一两三种请核准，按过去每一钱重有五分钢，现是金银，应每五分按一钱用，请张贴一布告，对今后有好处。

21. 女人应该是道德很好的，在家织布和做些轻事，叫她们出差是不对的。一妻多夫制也是不对的。如能这样做，一夫一妇不会找不到人，鳏寡也不会有。

答：关于这个问题，像“西藏大会”代表见大臣时所说的一样，西藏女人是穷苦的。只有种田支差维持生活，像其他国家女人会手艺的没有，马上要禁止的话是困难的，以后要她们学手艺。一妻多夫的问题，王子有过禁令，以后再抄出公布。

22. 卫生对人是很有益的，每天都要洗头发，居住的房子也要打扫清洁，喝的水也应干净。植树可改变空气，牛马不要喂在房下，对人会有害的。有病应该请医生去医治。上述问题西藏人平常是不注意的，为了保护身体，应建立卫生机关来保护人的生命。

答：关于卫生可按您的指示办理，医疗方面以往有两个医务人员，加日寺内有技术很好的喇嘛50名，他们都经常给人治病，保护人的生命。

23. 没有依靠的盲人、跛子、老、幼、孤、寡等组织起来学手艺，哑巴学手艺、盲人学文化，应根据个人情况学技术来维持生活。为了人民的好处，应建一个什么样的慈善机构为好。

答：关于这个问题，西藏是佛教地方，平常给穷人赏赐是很多的，有的下令不准给懒惰青年。如建立慈善机构发粮，恐怕是不能长期维持下去的，怎么办请您指示。

24. 西藏是佛教的地方，都喜欢叫自己的人去当喇嘛，每个寺庙应限制喇嘛教，不是当喇嘛的人越多越好，也合乎宗教事业的发展，同时喇嘛多了对发展人口是有坏处的。但是喇嘛找老婆生小孩、吃肉，从宗教的根本意义来说是须禁止的，应任其自己去做，喇嘛也可以种田做生意当兵，在夜里时可以修道，弘扬佛教教义，主要应是人的信仰，而不是表面的行动。日本的宗教空海、利兰，发扬佛教以来，他们国家富强起来了，今后决定应怎样办，你们研究后再申诉办理。

答：关于这个问题，西藏是发展佛教的主要地方，因而无论做什么，都应按照宗教之意去办。我们并不是不遵守您的指示，您也不是未卜先知者，我们不得不申诉情况，一个人要修仙成佛，主要需抛弃十恶（如杀生……）取十善，是释迦牟尼的指示，尤其是宗喀巴大师再三说过，并在各经典内教导过。守法就是不准讨老婆，以及喇嘛们怎样像保护眼珠一样的保护 240 条教规。政府有禁令，现如果叫他们自愿讨老婆，佛教就会衰败的，尤其是对皇上的寿命也有危害，因此我们不能接受。喇嘛结婚和限制喇嘛教的规定，我们不是不遵守大臣的指示，请不要多心。大臣是无事不知的，西藏宗教不是衰弱而是在发展，其安全与和平等都是您关怀所得来的，按您的指示我们以后会将一切事情再申述。

光绪三十二年（1906 年）藏历火马年十一月二十二日

（此件来源于江孜宗政府档案抄件，仅供参考）

（九）抗英功臣“江孜如本”吉普巴亲属访问记

1998 年 9 月 1 日，在西藏自治区人民政府大楼吉普 · 平措次登副主席的办公室里，我与他进行了长达 4 小时的交谈，讲完了 40 年前要讲而没讲完的故事。那是 1958 年春，吉普副主任（当时的江孜地区基巧办事处副主任，相当于副专员）参加江孜分工委政策研究室民间文学收集小组工作。当翻译到抗英斗争期间藏政府所发文件时，吉普 · 平措次登副主任说：“我的祖父参加过抗英，还立过功，有一段生动的故事……现在翻译文字工作忙，先不讲了，等以后有机会再细讲……”我记住他还欠我这个故事，随后平叛、改革，双方工作变动，接触机会很少。我调离西藏后虽曾几次进藏，他也多次来京开会、参观、办事，我们也曾多次见面，但仍无暇谈及。这天是天赐良机，没其他干扰，吉普 · 平措次登副主席终于给我讲完了 40 年前要讲而没讲的，他祖父江孜吉普巴的抗英故事。

1903 年 3 月 13 日，英政府给西藏来函，要求西藏地方政府派代表去亚东通过谈判解决边界问题。西藏地方政府接到英政府来函后，同当时的清政府驻藏大臣决定委派人前往亚东，与英方的荣赫鹏、英驻哲孟雄（即锡金）行政专员怀特进行谈判。却不料帝国主义分子玩弄和谈骗局，突然把谈判地址改变为岗巴宗（岗巴县）。当西藏地方政府的代表抵岗巴时，英侵略军早已占领了那里，还掠夺牧民牲畜两万头，继续拍摄地形、侦察道路。西藏地方政府的代表命其撤走时，他们说：“驻与走是我们自己的事情，无需他人过问。”一天夜晚，英国侵略军营地突然燃起熊熊烈火，英军匆匆撤出藏境，返回界标以外。英军为何撤退？事后才知这是英帝为发动第二次侵藏战争所采取的缓兵之计。他们所说的“边界和谈”，只不过是为武装侵略放的烟雾，英军入侵西藏之路，不是岗巴，而是亚东和帕里。

西藏地方政府在此情况下即命令江孜藏军如本（营长）吉普（即吉普·平措次登的祖父）率部开往亚东防守，并通过各种途径探明侵略军入侵的规模、装备及后援等情况，及时禀报西藏地方政府。吉普巴奉命到了亚东，正要开展工作，又接一命令：“如英军一旦有进兵之迹象，务必先以‘和谈’方式拖住。”吉普如本在亚东防守期间，曾多次亲自同英方交涉，经常穿梭于堆纳、曲米新古、古如村、大平坝之间。英方公然宣称：“有朝一日我们一定要进兵拉萨！”1903年9月8日，以总指挥麦克唐纳和荣赫鹏为首的数百名英军，会同森巴人、廓尔喀雇佣军、背夫等一万余人，势如山洪，突然越过则拉山口。此刻，帕里宗堆（相当于县长）和吉普巴如本（此时吉普巴任帕里总管）除劝阻外，别无他法，加之当时驻藏大臣奉清廷之命，严令藏军不准抵抗，他们只好眼睁睁地看着侵略军长驱直入。驻守亚东、帕里的藏军也被迫后撤。如本吉普巴见此情况，即连夜赶至帕里，急派信差去拉萨告急。西藏地方政府得知这些情况后，即一面命令藏军和民兵开赴前线布防，一面组织了一个以三大寺和全藏僧俗民众名义的11人代表团，日夜兼程赶赴帕里与英军谈判，以期阻止英军前进。英军一路经帕里向腹地深入，另一路经廓布向乃堆拉地区推进。11月6日两路侵略军于堆纳汇合。

鉴于形势十分紧迫，“全藏会议”（注：西藏决定重大问题的组织形式）召开紧急会议，决定再次重申，坚决抗击英国侵略军，不惜重大牺牲，誓与佛教之大敌决一死战，号召全藏紧急行动起来，部署各宗部队陆续开往前线。同时，在全藏实行 18 世纪准噶尔入侵时的征兵制度，组织后备兵源，筹备粮草。各地也执行得坚决、迅速，有的还写了决心书和请战书。虽然这样，但当时西藏地方政府内部在“和”与“战”的问题上，还存在着分歧。因而就举行祈祷、诵经等宗教活动，向乃穹护法神问卜并对“和谈”寄予希望。光绪皇帝也对“帕里失守”的奏折作了批语：“切勿动武，着驻藏大臣同英方议和。”当时三大寺代表、西藏地方政府内部主战官员们，一个个义愤填膺，坚决要求：大敌当前，不思调兵遣将、守边御敌，终日奢谈“和谈”，置自己于有患无备之中，违背全藏大会誓约之行为。于是西藏地方政府开始调动部队，部署抗英兵力，派拉顶色和囊色林二代本的 1000 余人开赴抗英前线——喜马拉雅山第三峰脚下多勤湖西北的曲米新古一带阻止英军进犯，在春丕防守并修筑防御工事，准备战斗。

英国侵略军因刚到海拔 4000 多米的高原，气候寒冷，氧气稀少，一时不适应，就寻方用计。一方面提出要同西藏地方政府谈判，一方面设法刺探军情，当得知我方已有严密戒备时，又提出要与我“和谈”。对此，西藏地方政府答应安排人同英人谈判，并指示若谈判破裂，就按原计划，分三路出击。

1904 年 1 月 15 日，英军又提出要同我方直接谈判。当曲米新古藏军前线指挥官拉顶色和囊色林离开阵地与英军谈判时，英军的步、骑、炮兵已偷偷向我军阵地推进。在谈判进行之时，藏军已被敌人重重包围了。英军谈判代表到来后，首先声称，“既然要议和，为表示诚意，我军先将子弹退出枪膛，也要求贵军指挥官下令将火枪的点火绳熄灭”。英军指挥官还在当场命令其部队将子弹退出一发，表示他们已这样做。殊不知，英军一刹那间又将子弹推上了膛，藏军却未发现，并为践行诺言，将土枪点火绳全部熄灭。这样英军谈判代表荣赫鹏既把藏军指挥官拖住，又达到了使藏军无还手武器的目的，就按其事先策划，用机枪开始向藏军疯狂扫射，英军谈判代表也趁机突然拔出手枪向藏军谈判代表开枪，拉顶色代本、囊色林代本、班禅代表康努、如本康萨及三大寺的一名谈判代表当场被打死。站在远处的拉顶少爷的仆人占堆，一见主人中弹倒地，一声怒吼“我们的人被杀了!”拔刀跃起，直冲过去，横劈竖砍，当场杀死英军官兵十余人，自己也壮烈牺牲!

在谈判的另一角，十几名官兵临危不惧，拔刀奋战，一齐战死。一时间整个谈判场地和藏军阵地上尸体纵横、鲜血遍地，绝大多数藏军官兵和谈判代表都束手就义在英军的屠刀下。江孜吉普巴和日喀则登巴两如本也受了重伤，吉普巴是手腿受伤，倒在尸体群中。他将计就计装死，等到天黑后同如本登巴一同在士兵的协助下，慢慢爬行，先到了吉普所属卡鲁谿卡包扎伤口，并快速派信差，将英军在曲米新古大屠杀的情况报告西藏地方政府，同时，向各路藏军发出了通告，要他们快快做好御敌的一切战斗准备。

讲完他祖父吉普巴的这个故事后，吉普·平措次登副主席还讲了其他一些抗英故事，如英军在曲米新古的大屠杀，藏军藏昌谷地伏击战、乃宁寺大血战、紫金寺大浩劫、英军炮轰江孜、进攻拉萨，英军打到拉萨后签订不平等条约等情况，这里就不一一赘述了。

第二次抗英战争结束后，西藏地方政府为了表彰在战争中牺牲和作出特殊贡献的英雄，根据其功绩分别作了升级、晋爵、奖赏和免税等决定。江孜官员中吉普如本受奖，提升为四品官，分给麦松下属噶登谿卡，有收租和支配权。

根据 1904 年 11 月 11 日签订的“拉萨条约”，江孜、亚东、噶大克开辟为商埠。为办理西藏地方政府与英国之间的商务问题，西藏地方政府在江孜、亚东等地特设了商务总管，委派吉普巴为江孜商务基巧的第一任总管，办公地点设在英国军营附近的冲基林卡，每期任职三年。主要任务是组织西藏地方政府对驻江孜在英国商务代理处人员和部队以及后设的邮电、驿站工作人员的物资供应工作，即粮豆、山绵羊、柴火（牛粪）、草、马料、麦麸等等。西藏地方政府规定江孜宗、日喀则宗、白朗宗、浪卡子宗、南木林宗、定结宗、扎什伦布寺等 17 个宗谿分别负责提供，上交的各种实物以抵应支的军费赔款，每年向西藏地方政府结账。吉普巴任商务总管时年仅 30 岁，36 岁去世。吉普巴在抗英战场上是英军的对手，还被英军打伤致残，战后又不得不为他们服务，如果不是为了执行公务，这种奇耻大辱是难以让人忍受的，这也是被侵略的怪现象，是历史的捉弄。

据说第二任商务总管换为由僧官担任，江孜第二任僧官是柳霞。

访问中，我们共同回忆了当时翻译的一首抗英诗歌，该诗歌是用 30 个藏文字母作开头组成，风格独特，描绘了当时民众抗英的各种心态，值得一读，抄于后，以供欣赏。

写此文时，本应再同吉普·平措次登副主席商榷一些细节，可惜，他已离我们而去。假如他真的“在天有灵”，会笑看我们谈话的发表。为了该文章尽善尽美，最近我曾两次长途电话请教了吉普·平措次登的弟弟吉普·顿珠平措，进一步核对了有关情况。

30 个藏文字母开头的抗英诗歌是这样的：

西藏地方政府的指示，
保卫西藏的“乃穹”戡乱神，
到哪儿也难看到。
没有像我这样的——骑象姿态的威严。
不嫌麻烦骑了一匹带三角头似的黑马，
在反常的丢“朵马”之时（用糌粑团投入火中以示诅咒之意），
像鸟毛一样的宗教敌人来到亚东。
军官们像圆月无缺一样出发时，
骑着黑马象的戡乱神到哪里去了哩?
外国人进行和平谈判已撤出亚东。
这下无敌是“乃穹”的预示（预言），
敌人却陆续逐渐地进占丢掉了帕里宗。
英雄“拉顶”（代本）牺牲于敌人手中，
原因是敌人到了，还没收到抗战的命令。
英勇的部队败于敌人之时，
像母亲一样的政府仍处于昏迷不醒。
三角头“乃穹”戡乱神那沉默的姿势，
又在“鲁布”地方凶狠丢“朵马”之际。
所谓“扎穹”先生的全体官兵部队，

像钻山狐狸一般吃掉了江孜宗。
戴金帽“乃穹”戡乱神三角头也被欺诳了，
快收起你们用金、银装起来的骄傲吧！
你也不过是只会吃的魔鬼。
我们扎林部队收复了江孜宗。
老实的“宇妥”大少爷像丢了罗布咒团一样，
三角头“乃穹”戡乱神像盛满假话的口袋。
大敌当前没有果断的战令，
惨无人道的狼一样的英国军队在田地上掘满战壕，
江孜宗再一次失守。
耀武扬威的英国军队，
叫喊连天地侵占了我们的家乡。

李国柱　2003年12月1日于北京

二

特邀文萃

（一）西藏人民的第一次抗英战争

王　贵

1888 年（光绪十四年）是藏历土鼠年，西藏人民至今仍将当年抵抗英军入侵之战称为“土鼠年之战”。西藏人民的第一次抗英战争，是近代中华民族反抗西方列强武装侵略斗争史的重要一页。

战前情势

英国于 1849 年征服印度全境后，为了拱卫这块被称为“英王王冠上最明亮的明珠”的重要殖民地，确保其在南亚次大陆的长期利益，制定了向锡金、不丹、尼泊尔等喜马拉雅山国家和中国西藏扩张的方针。1860 年，英军进攻西藏地方的藩属锡金，占领了大吉岭等许多锡金土地。同时，英国同尼泊尔签约，加强了对尼控制。1864 年，英军又进攻西藏地方的藩属不丹，占领了噶伦堡等许多不丹土地。此后，英印通过清朝逼西藏地方与英印通商，遭西藏地方拒绝。英国即以锡金为跳板，准备从经济上、军事上入侵西藏。

英军在锡金境内大肆筑路架桥，并擅自越过当时藏锡边界所在地日纳，进到西藏境内的隆吐山窥探。英军不顾藏民的反对，硬说藏锡边界不在日纳而在隆吐山以北之尼都拉，还派人越过隆吐山筑路。鉴于英国加紧北侵的步骤，噶厦（西藏地方政府）于 1886—1887 年派藏军到隆吐山设防，并建哨卡。英方向清廷提出要噶厦撤除隆吐山哨卡的无理要求。软弱的清廷畏于英方动武，因而压噶厦从隆吐山撤兵撤卡。驻藏大臣文硕看到英国居心叵测，不同意撤兵撤卡的要求，表示完全支持噶厦“誓保国土，维护主权，全藏一心，备战抗英的主张”。英国挑拨清廷同噶厦的关系，在政治上争取清廷共同压制抗英藏胞，在军事上则调集 2000 人的兵力于隆吐山以南，由格累哈姆将军率领，准备北攻。噶厦则先后调藏军第 4（江孜马噶）、第 2（扎期马噶）、第 3（日喀则马噶）、第 5（定日马噶）团，并征集前后藏、工布、波密、康区各地民兵，筹集土炮、土枪、药铅、火绳、刀矛、弓箭、甩飞蝗石鞭等武器，部署于隆吐山北侧，以噶伦拉鲁·益西诺布旺秋为前线总指挥，率各代本（团长），严阵以待，与英军对峙。锡金人民怀着千百年来与西藏同胞的情谊，对英军的侵略行径大为不满，不时向前沿藏军密报英军人员、武器装备及活动情况等各种情报。

作战经过

1888 年 3 月 20 日，英军从隆吐山下的扎鲁隘口向藏军和民兵发动进攻。西藏军民奋起抵抗。英军数人被击毙后撤退。次日晨，英军在炮火掩护下向藏军阵地猛冲，进入藏军埋伏圈。藏军第 3 团如本（营长）欧西瓦、第 5 团甲本（连长）欧珠次仁率士兵持刀、矛、斧冲向英军，在震天动地的喊杀声中与英军白刃格斗。此战，毙伤英军 120 余名，甲本欧珠次仁等 18 名藏军官兵壮烈牺牲。第 3 天双方暂时休战。第 4 天英军再度大举进攻，藏军靠火药枪、飞蝗石等奋力抗阻，激战良久，前沿的藏军弹药打完了，一藏兵大叫“快拿弹药来”，被阵地前一英军伤兵听见后上报。英军即以大炮轰击藏军战壕。前沿藏军在缺少弹药的情况下，跳出战壕，与敌肉搏，战斗十分惨烈。藏军工事全被炮火轰毁、人员伤亡很大，即将被英军包围。在此危急时刻，官至三品的拉鲁总指挥亲率藏军一部冲到前沿，一面向英军射击，一面指挥藏军后撤至纳塘附近。英军遂占领隆吐山。第 5 天拂晓，英军侦见纳塘附近集结了数千藏军和民兵，即以猛烈炮火轰击。藏军和民兵抵挡不住，分散逃入密林中。另一部英军进至纳塘后，遭藏军第 2 团和康区洛隆民兵夜袭，伤亡累累。天亮后，该部英军又向纳塘藏军进攻。藏军和民兵奋起殊死近战，打得英军晕头转向。英军大炮怕伤及自己军队，无法轰击，进攻之英军遂狼狈撤退。接着，该部英军与隆吐山之英军主力会合，再度以大炮猛烈轰击纳塘及周围山谷、树林，迫使藏军和民兵向尼都拉转移。拉鲁向拉萨报告隆吐山、纳塘失守及下一步作战计划后，噶厦再派员赴工布征兵 1200 人、山南征兵 1600 人、塔波征兵若干，开赴前线。轰轰烈烈的抗英浪潮在全藏兴起。新到民兵与原有藏军、民兵共万余人，部署在堆纳、帕里、上下亚东各地，再前出至仁青岗、则里拉、尼都拉，企图夺回纳塘、隆吐山。5 月，藏军和民兵 3000 多人反攻纳塘，又遭英军炮火猛烈轰击，伤亡甚重，乃退回尼都拉。

英军攻占隆吐山、纳塘后，一面增兵准备继续北攻，一面唆使锡金的颇当喇嘛等上层人士和尼泊尔国王致函噶厦进行调解，要求西藏地方应允通商，并反诬藏族人民向英军挑衅，导致英方动武，将战争责任加在藏族人民身上。对此，拉鲁反驳说："英国人倘能将他们侵占的锡金、不丹地方退还西藏，藏族人民必定不会肇衅。"

昏庸苟安的清廷，得知西藏军民同英军开战及隆吐山失守等消息后竟然责怪文硕对西藏抗英制止不力，降旨革去文硕的驻藏大臣职务，并任命升泰为新的驻藏大臣。清廷令升泰设法先停战，再与英方议和。

升泰于 1888 年 7 月到达西藏，其时藏军和民兵同英军在纳塘以北冒着雨雾反复厮杀。英军再次调来 7 门大炮轰击藏军阵地，造成藏军、民兵大量伤亡。8 月下旬，英军多次到藏军阵地前沿挑衅，藏军和民兵计划反攻。媚英的升泰以驻藏大臣的身份，数次予以制止。升泰此举，挫伤了西藏军民的士气，阻挠了藏军作战计划的实施，帮助了英军较顺利地进至尼都拉，并于 10 月占领锡金全境，俘虏了锡金王。10 月上旬，藏军和民兵连夜在尼都拉修筑防御工事，但再遭英军炮火猛轰。经两天激战，藏军和民兵大败，遂放弃尼都拉，退至果布。英军乘势追击。藏兵溃不成军，接连丢失则里拉、朗熟、老亚东等要隘，致使英军进入亚东地界。

此时，得胜的英国和失败的清廷都想议和，但愤怒的西藏军民仍欲收复锡金，要坚决抗英。升泰秉承清廷关于先停战再议和的旨意办事，令江孜守备肖占先（清朝的汉族军官）前往亚东设法阻止英军前进。肖占先抵下亚东仁青岗后，碰到刚从前线撤退下来的藏军总指挥拉鲁。拉鲁说："英军炮火猛烈，藏军和民兵难以抵挡，不得不后撤。"肖占先竟以中立者的姿态洋洋得意地夸口说，他奉驻藏大臣之命，以清朝中央政府官员的身份与英军交涉，谅英军会停止前进。接着，肖占先命士兵竖起书有"肖"字的军旗一杆。英军到达仁青岗附近后，看见该旗，果然停止了前进。英军官与肖占先会谈后，表示愿意等候与清朝官员进行谈判。

议和简况

英军虽停止前进，但仍继续增兵、修路，企图分四路再攻藏军。藏军和民兵也准备在亚东同英军决一死战。然而，12 月才到达亚东前线的升泰却又严令驻仁青岗一带的万余藏军、民兵后撤两站（数十里），以此作为与英方谈判的条件。藏军和民兵只得退到上亚东林马塘一带驻扎。

1888 年底，升泰到纳塘与英方官员柏尔会晤。英方提出锡金应归英印保护，西藏须开江孜、亚东两地通商。西藏方面则要求锡金仍然照旧向西藏进贡递禀。会谈无果而终。时值寒冬，升泰返回下亚东仁青岗暂住。

1889 年 3 月，按照清廷旨意，在升泰的严督下，西藏方面被迫从亚东撤回藏军和民兵。5 月，西藏地方政府承允英印人员可来老亚东经商。6 月，英军也开始撤退。轰轰烈烈的西藏人民第一次抗英战争至此结束。

1889 年夏秋之交，憎英的锡金王母后居住在下亚东春丕，她携两孙向升泰禀告，请求勿将锡金划出西藏。当时锡金王被英军俘虏，关押在噶伦堡。狡猾的英国官员伪造锡金王的亲笔信，求母后将他的两个儿子送往锡金。锡金王母后坚决不肯，并赴升泰处哭诉，请求朝廷做主。但升泰不顾她的哭求和藏族人民的愤恨，不但没有给她任何帮助，反而宣称：为了"中英敦睦"，准备断送锡金。

经过清廷与英方交涉，1890 年 3 月，升泰作为中国的全权代表，赴印度加尔各答与英印总督兰斯顿谈判，签订了《中英会议藏印条约》，明确规定锡金为英国的保护国。这样，历来归属中国西藏地方、美丽富饶的锡金，就被英帝国主义者攫取，而藏锡边界还向北划到则里拉、乃堆拉一线，因而引起全藏上下的愤慨，埋下了西藏人民第二次抗英战争的种子。

战争失败的原因

此次战争，西藏方面先后动员兵力达 1.4 万人，历时半年多，经过大小战斗十余次，虽藏军和民兵英勇作战，但最终归于失败。究其原因，主要有如下四条：

1. 清朝自鸦片战争以后，国力日衰，朝廷腐败昏庸，面对不断入侵的帝国主义列强，特别是正处于发展、上升时期的资本主义头号强敌英国，一味退缩胆怯，不但不敢负责领导西藏人民保卫疆土，反而釜底抽薪，一再压制藏族同胞的抗英热情，甚至以丧失疆土换取英军停止进攻，只顾苟且偷安。英国洞悉此点，狡施诡计，成功地争取了清廷共同孤立、打击藏族同胞。因此，事后国人中有“此番战败系因遵旨所误”之语。

2. 掌握封建农奴制政权的西藏上层僧侣、贵族，缺乏组织领导战争的整体能力。他们虽有抗英意识，但仍以千百年来剥削压迫农奴的乌拉差役制度征兵。广大农奴群众家庭本已不堪差役、赋税重负，生活极为贫困，再遇抽丁支差当兵奔赴前线之事，更觉悲苦。大批临时征集的民兵，缺乏训练，纪律松弛，一些人对打仗的意义不甚了解，因而逃亡的士兵不少，一旦败阵更溃不成军。由于旧西藏社会条件和时代的这些限制，决定了战争败局的不可避免。

3. 由达赖至高无上神权统治的西藏地方当局，不可能做到知己知彼，进行实事求是的战略指导。他们对敌我双方实力，包括武器装备、军队素质、军官指挥能力、部队技战术水平等各方面情况，以及胜算把握，缺乏客观、全面的深入研究分析，而是使用祈求神佛保佑取胜、诅咒敌人失败的办法，幻想借此抵挡英国侵略军。在隆吐山设卡时，藏军就在哨卡旁边供上护法神像。战前，噶厦请各大活佛奉经念咒，请乃穹降神大喇嘛降神、念咒、卜卦，求神灵保佑。官兵出征离经拉萨前，十三世达赖喇嘛分别给每人摸顶并赠护身符。这种主观唯心主义的战争指导，当然只会失败。

4. 藏军的战役战术指挥相当笨拙。以落后的土炮、土枪、刀、矛等武器对英军的洋枪洋炮，却基本上是采取集中正面硬顶的专守防御的阵地战，鲜有机动灵活的侧后伏击、袭击、游击战，且战斗多在白昼进行，少有夜战。这些都对英军发扬先进枪炮的火力十分有利，必然会造成自身人员的重大伤亡，是英军求之不得的。英军研究认为：凭武器装备，打败藏军毫无问题，但藏族人勇猛顽强，擅长矛剑近身肉搏，很难对付，于是决定用大炮、机枪远程射击取胜。英军攻占隆吐山、纳塘的第二次和第三次战斗，以及纳塘以北、尼都拉等战斗，都是靠大炮摧毁藏军工事、杀伤密集的藏军而取胜的。爱国的驻藏大臣文硕曾经提出比较正确的战法："与英人角胜，利用以柔克刚之法"，"利用埋伏，不宜显露，队用星散，不宜聚齐，攻利中路截击，不宜迎面相对，时利昏夜冲袭，势利交手接仗"，"总利散住帐房，断不可聚集营塞之内，以免开花洋炮，陡然轰击"，"彼人马皆需口粮，若我设法截其粮路"，"使彼孤军深入，无可抢劫得食，困饿而死，亦一法也"。可惜文硕的这些战役战术思想基本未能被藏军采用。但藏军和民兵曾一度按照这些办法打仗，也取得过几次较好的效果，如扎鲁隘口之战和纳塘之战的胜利，就是例证。

土鼠年之战，虽以失败告终，但西藏军民不畏强敌、坚决抗英的爱国主义精神，仍是一笔宝贵的精神财富，值得永远纪念。1955 年，笔者在西藏亚东工作期间，曾经访问上亚东嘎林岗村参加过土鼠年之战的九旬老人白杰。老人说："我们亚东人谁都知道隆吐山是西藏的地方，英国硬要占这个地方；英国人可残暴啦！用洋枪洋炮打死很多我们西藏人。"白杰老人憎恨英军之情溢于言表，至今令人难忘。

（二）西藏人民的第二次抗英战争

王 贵

1904 年（清光绪三十年）是藏历木龙年，西藏人民称该年的抗击英军入侵之战为“木龙年之战”。这次抗英，较之 1888 年（土鼠年）的抗英战争规模更大，斗争更加惨烈，战争结果对全国，特别是对西藏地区的政治、经济等各方面的影响也更大。

战争起因

1888 年西藏人民第一次抗英战争失败后，清廷被迫与英国于 1890 年签订将锡金断送给英印的《加尔各答条约》，没有征求过十三世达赖喇嘛和噶厦（西藏地方政府）的意见，因而达赖喇嘛、噶厦和西藏人民普遍反对这一强加给他们的不平等条约。锡金（原本是西藏地方的藩属）的沦丧和英国对西藏的虎视眈眈，引起西藏人民的极大愤慨。有一首民谣真实反映了西藏人民当时的心情：

加尔各答近处有强豪，
口蜜腹剑十恶黄毛佬，
慢步前移觅食似德猫，
妄想吞我雪域称霸道。

锡金沦为英印的保护国后，英国着手进行划定新的藏锡边界和建立界碑事项。1893 年，清廷在未经达赖喇嘛、噶厦同意的情况下，同英国签订了有关通商问题的《藏印续约》九款附约三款，开西藏亚东为商埠。据此，英印人员可以前来亚东贸易。对此，噶厦和西藏人民表示强烈反对，他们一面抵制勘定藏锡边界，不断捣毁英印人员步步北挪的界碑，一面阻挠英印人员来亚东经商。英国从 1894—1902 年多次通过清廷压噶厦遵行上述条约，几经交涉，均未能使噶厦就范。清朝官员一面向英方表示藏族人“愚顽”、不遵旨令，一面劝噶厦对英方忍让。痛恨英帝国主义的十三世达赖喇嘛，眼见依靠清廷抗英希望不大，在沙皇俄国的拉拢下，遂产生联俄抗英的想法，并数次派其侍读官俄籍蒙古族喇嘛德尔智从拉萨赴圣彼得堡，向沙皇送去书信，与沙俄联系。沙俄趁此机会染指西藏，并在西藏取得一些利益。沙俄与达赖喇嘛、噶厦的关系逐渐密切起来。

英国顾虑沙俄势力插足西藏。为了抢先压服西藏，排除沙俄控制西藏的可能性，以达其单独在藏通商贸易并获取更多特权的目的，遂开始筹划第二次武装侵藏。

英国首先为侵藏作舆论准备，说中英订立的条约，藏族人不遵守，致划界通商无法进行，中国政府又不理不问，彼此推诿，故英国不愿再同中国交涉西藏问题，而要撇开中国朝廷直接同西藏地方当局交涉。英印官员扬言今后中国官员“无治理西藏之权”，要“令西藏为自主”。这就是英国炮制“西藏独立”论的开始。为此，英国驻印度总督寇松（Curzon）于 1899 年、1900 年和 1901 年三次撇开清廷直接致函十三世达赖喇嘛，但均被达赖喇嘛拒收退回。英国乃进一步欲以武力打开其直接与西藏地方当局交涉的局面。

1903年春，英国政府致函西藏地方当局要求派代表去亚东谈判划界问题。清朝驻藏大臣裕钢决定派员前往亚东与英方之荣赫鹏（F.Younghusband）上校和驻锡金政治官员怀特（C.White）谈判。荣赫鹏和怀特于7月率英军300名经锡金北部侵入亚东西北方向之岗巴宗，威胁说要在该地同西藏方面谈判。岗巴宗属班禅领地。班禅下属官员同噶厦官员、驻藏大臣代表一道赴岗巴宗要求英方退兵。英军蛮不讲理地在岗巴宗盘踞数月，侦察、拍摄附近地形，并派遣两名锡金籍间谍赴后藏各地侦探，但被日喀则宗本（县官）抓获。荣赫鹏要求西藏于10日内放回该二间谍，并索要2000英镑的赔偿费。清廷接英国驻北京公使馆照会后，也令西藏地方政府释放二间谍。藏政府拒绝了英方的蛮横无理要求。荣赫鹏等就从岗巴宗抢去200多头牛及其他财物，并叫嚷英藏之间的问题只能靠武力解决。

英方将西藏地方政府的注意力吸引至岗巴宗方向后，荣赫鹏突然于10月率部撤出岗巴宗，退回锡金北部，部署大队英军向亚东、帕里方向进攻事宜。

战前态势

英印向隆吐山以北调集3000人的部队，于1903年12月10日集结于纳塘。这些部队包括第23锡克步兵营（700人）、第32锡克步兵营（700人）、第8廓尔喀步兵营（700人）和两个工兵队、一个骑兵队，以及战地工程、电信、测量分队、后勤供应分队、野战医院等部。在这3000人中，英国籍官兵仅百余人，其余均系印度锡克族和尼泊尔的廓尔喀族雇佣兵。英军统帅为麦克唐纳（MacDonald）少将和荣赫鹏上校。在 7000 名左右的尼泊尔、锡金背夫和骡马队的运输支援下，英军从纳塘分两路北进。荣赫鹏率先头部队于 2 月 12 日越过则里拉山口，在藏、汉官员毫无察觉的情况下，突然进入亚东地区，于 14 日占领春丕，21 日占领帕里，扎营霍贝塘。另一路经乃堆拉山口出堆纳。英军侵藏的终点定在江孜。荣赫鹏向英印政府提出：岗巴、亚东偏南，只有向北直至江孜，才有可能压迫西藏地方政府谈判并达成目的。英印政府批准了这一请示。

英军进入亚东地区时，当地仅有藏军第 4 团（江孜马噶）一个营和清军一小队驻守，藏军如本（营长）和帕里宗本等西藏地方政府官员当即向入侵英军口头提出要其停止前进，但英军根本不予理睬，径直北进。清朝军官赵游击竟向英军报告藏军情况，真是昏庸到敌我不分的地步。两路英军翻越喜马拉雅山海拔 4800 米之唐拉山口，于 1904 年 1 月 4 日在堆纳会合。此时，驻藏大臣裕钢奉清廷严命“传谕藏员勿再鲁莽滋事致酿巨衅”，阻止藏族人民以武力对抗入侵英军。清廷还命裕钢去边地与荣赫鹏会谈，但裕钢害怕去前线接触英军，而迟迟不离开拉萨，更引起噶厦和达赖喇嘛的不满。裕钢请求辞职获准，清廷另派有泰（升泰之弟）任驻藏大臣。清廷的屈膝退让和裕钢的拖沓延误，使英军赢得三个多月的时间。1903 年 12 月至 1904 年 3 月，英军将 3000 人马和大批军需物资经锡金、亚东崎岖小道调集到了帕里、堆纳一线。时值严冬，海拔 4500—4600 米的帕里、堆纳一线，夜间气温达零下 30 度以下。不少英军官兵出现高山反应，患肺炎和冻伤，死亡 13 人，运输物资的牦牛亦有死亡。英军雇佣的尼泊尔、锡金籍运输夫役因不堪寒苦而时有逃亡。

在此期间，十三世达赖喇嘛严厉贬惩了主和的噶厦官员，督促噶厦坚决抗英。驻扎前后藏各地之藏军第2团（扎布其马噶，代本〈团长〉为拉顶色、囊色林）、第3团（日喀则马噶，代本为敏吉林巴、然巴）、第4团（江孜马噶，代本为吉普）、第5团（定日马噶，代本为扎西林巴）全部出动，于1904年3月进驻堆纳以北之古如（骨鲁）、曲米新古一线，与英国侵略军对峙。藏军分为左右两翼。右翼为第2团和第4团一个营，由拉顶色、囊色林分任正副总指挥，部署在曲米新古；第3团之然巴代本部和第5团部署在古如。第2团在曲米新古山边之泉水旁筑一墙垒，截断大路，企图以此拦阻英军。左翼为第3团之敏吉林巴代本部和第4团（欠一个营），置于多庆湖对岸之上下尚木，作为掩护、策应。同时，噶厦从康区之硕般多、边坝、洛隆宗、芒康、左贡、桑昂曲宗、类乌齐、八宿以及塔波、工布地区八宗、前藏七宗、山南十八宗、申扎六部落、那曲四部落等西藏各地征召民兵3000余人，与三大寺等处僧兵2000多人开赴前线，布置在江孜、康马、嘎拉、多庆等地，作为前沿藏军之后盾，并向战区调运了一批粮秣、物资。

集结在堆纳一线之英军扬言：必须前往江孜，同西藏地方政府交涉拖延多年的通商、划界等问题。西藏地方政府则坚持英军必先退返亚东锡金方能交涉。为此，荣赫鹏和拉顶色在古如、堆纳数度会面、交谈，双方僵持不下。英军转而施展阴谋，企图以突然袭击的手段，歼灭拦路藏军，打开强行北进之路。噶厦则按清廷谕旨，令前线藏军与英方交涉，若彼不退，谈判破裂，即出击之。

战争经过

1. 首战曲米新古、古如。3 月 31 日，麦克唐纳和荣赫鹏率领英军从堆纳出发，进抵曲米新古之藏军所筑墙垒前，遭蜂拥而来的藏军拦阻。拉顶色、囊色林要英军立即退返方可谈和。英军暗地包围并以重机枪、火炮瞄准了队形密集的藏军官兵，造成了利于英军而不利于藏军的战术态势。荣赫鹏狡猾地对拉顶色等说：既要谈和，为表双方诚意，英军先将子弹退出枪膛，要求藏军也将火枪之点火绳熄灭。接着，荣赫鹏命英军士兵们将子弹退出一发，但他们旋即推动枪栓将另一发子弹顶入枪膛。当时尚无钢枪装备、不了解步枪构造、误认为英军枪膛内已无子弹的藏军指挥官们，遂依照英方请求，下令藏军士兵熄灭了全部火枪的点火绳。其后，双方谈判约 15 分钟后，英国军官突然掏枪将拉顶色、囊色林击倒在地。大队英军随即向藏军猛烈开火。藏军最重要的武器火枪因点火绳熄灭而无法还击，数分钟内即被英军射杀 500 多人，藏政府谈判官员亦被杀害。藏军余部奋勇同英军展开肉搏，虽毙伤英军一部，但因武器装备、作战指挥均大大逊于敌人而失败。英军又攻占古如，追杀藏军数百人。总计藏军在此战中损失千余人，仅逃出 380 余人。藏族人民的鲜血染红了曲米新古泉水。这就是著名的曲米新古大屠杀。英军仅伤亡 30 余人。

2. 雪朗寺夜袭战。曲米新古、古如失陷后，伤残藏军余部 380 多人撤至上下尚木，与原驻该地之左翼藏军会合，然后退至嘎拉、萨马达、康马一线。英军于 4 月 5 日自曲米新古出发，继续北进，途中焚烧了强林寺、贡崩寺，抢掠藏族人民财物、无恶不作。愤慨的藏军在康马等地宣誓要同英军一拼。英军占领康马西南的雪朗寺后，代本扎西林巴、然巴于夜间亲率藏军突然偷袭英军，打死打伤侵略者 60 余人，并缴获枪支一部，打了个小胜仗。

3. 杂昌峡谷伏击战。康马以北的杂昌峡谷，长 1500 多米，悬崖峭壁，涧深流急，为通往江孜必经之道。藏军、民兵、僧兵集中 4000 多人利用这一险要地形；在代本扎西林巴、敏吉林巴、然巴、欧隆巴及三大寺几名喇嘛的指挥下，埋伏于峡谷东西两侧山头和谷中，并在大路上筑一墙垒，准备伏击英军，阻其北进。4 月 9 日，英军先头部队 30 余骑进入峡谷，大队步兵在后面跟进。居高临下的藏军、僧兵等以火枪、滚木、礌石、飞蝗石猛烈击之，全歼了入谷之英军骑兵小分队。谷外之大队英军停止前进，后退数百米，以重炮轰击峡谷两侧山头和谷中藏军阵地后，步兵在炮火掩护下冲入谷地。藏军、民兵、僧兵与英军肉搏，奋战 6 个小时，毙伤英军 280 余人，自身亦伤亡 150 多人。因武器装备落后，火力大大逊于敌人，最终未能阻止英军北进。英军于 4 月 10 日进占少岗，11 日抵江孜。

英军进抵江孜时，当地暂无藏军，英军于 4 月 13 日去宗政府抢走近百吨粮食。然后，英军留荣赫鹏率 500 人驻江孜南郊之江洛和西郊之帕拉等地，麦克唐纳率主力返回亚东，以缓解其后勤补给困难，并布建亚东至江孜沿线兵站和物资运输线。荣赫鹏一面派出小分队去重孜侦察，一面向西藏官员、寺庙等发出招降书，但藏方无人理睬。然而新到拉萨的驻藏大臣有泰竟致信荣赫鹏称曲米新古、古如之役系拉顶色等向英方挑衅的结果，无耻地向英方献媚。西藏地方政府则号召各地藏族青壮年和寺庙僧众踊跃投军。仅江孜附近之帕拉、格布西庄园就有 150 人投军，白居寺有 31 名僧人投军。至 5 月初，西藏地方政府原有和新补充的藏军民兵、僧兵等共万余人集结于以江孜为中心的后藏各地。具体部署是：江孜 2500 人，日喀则 2500 人，仁布 1500 人，热隆 1000 人，浪卡子 2500 人。藏军总指挥宇妥噶伦驻仁布之亚德地方。见西藏地方政府欲阻英军前进并与之决战的态度，荣赫鹏向英国政府提出：只有进军拉萨方能震慑西藏地方政府，解决问题。此建议获英国政府批准。于是英军将进击之终点改为拉萨。

4. 帕拉村袭击战。5 月上旬，荣赫鹏派出留驻帕拉、江洛的 360 名英军侦察、袭击通往浪卡子方向之卡惹拉藏军阵地。此时，驻帕拉、江洛之英军仅剩 160 余人。藏军抓住英军兵力很少的时机，于 5 月 5 日凌晨，以千余兵力趁夜暗爬越帕拉村之英军驻地院墙，逼近荣赫鹏指挥所。拂晓，藏军、民兵边叫骂边举枪挥刀冲击近在咫尺的英军指挥所。英军士兵仓促迎战，荣赫鹏在睡梦中惊醒，仅穿一短裤逃脱，险些丧命。英军依托优势火力，杀伤了袭击受挫之藏军、民兵 200 余人。但是藏军和民兵占领了帕拉村。

5. 卡惹拉阻击战。英军 360 余人深入到江孜与浪卡子交界处之海拔 5100 余米的卡惹拉山口侦察该处藏军设防阵地，遭藏军、民兵约 2500 人筑垒阻击。英军先头分部之军官贝当被击毙，3 人受伤，败下阵来。英军后续分队的火力因受地形限制而得不到发挥。在大量藏军、民兵准备出击，300 多名英军有覆没危险之际，英军中之廓尔喀兵一部迂回攀崖至山口一侧海拔近 6000 米高之山脊处，从侧后居高临下猛击藏军背部，致使藏军队形大乱，脱离墙垒阵地溃退，撤至浪卡子布防。英军翻越卡惹拉山口，追赶了一程后，返回江孜。经过与藏军、民兵激战，英军付出 1 死、12 伤的代价，重占了帕拉村。

6. 康马袭击战。重占帕拉村后，荣赫鹏于6月5日率小队人马由江孜回亚东，筹划英军大队人马驰援江孜和进兵拉萨等事。此时，英军已经分别在康马、嘎拉两处初步建立起第1、第2兵站。6月6日，荣赫鹏到达驻有百余英军之康马兵站。7日凌晨，从热隆经涅如奔赴康马之西藏民兵千余人在叫骂声中袭击该兵站，以火枪射击和飞蝗石投掷英军，并攻抵院墙。荣赫鹏在危急中组织英军以密集火力还击。民兵伤亡六七十人后，退去。

7. 乃宁寺血战。6月10日，荣赫鹏返抵亚东，经筹划，麦克唐纳和荣赫鹏率援军两个步兵大队，一个山炮队从亚东出发，疾驰江孜。此时，由敏吉林巴代本率领之工布、康区民兵800余人进占了江孜、少岗间之乃宁寺，对英军之亚东至江孜后勤补给线构成严重威胁。工布民兵在少岗附近巧妙设伏，他们怀揣砍刀，反穿羊皮袄，混在一大群羊中，引诱从康马北来的英军。英军骑兵二三十人遥见羊群而来抓羊。待英军接近时，民兵们脱掉皮袄，一声哨响，奋身跃起用刀砍杀，以很少伤亡代价歼灭了二三十名英军。英军为保障其补给运输线畅通，欲拔掉乃宁寺这颗“钉子”，遂由新赶到的援军和原驻江孜郊区之英军分别自少岗和江洛出动，从南北两面夹攻乃宁寺。工布、康区民兵冒着英军火炮、机枪的密集火力，勇敢迎击，与轰破围墙、冲入寺内之英军展开肉搏。英勇的工布民兵首领阿达尼玛扎巴兄弟和康区民兵多朵布等，刀劈英军官杂尼萨海，共杀伤英军120余名。阿达尼玛扎巴兄弟、多朵布以及众多的民兵壮烈牺牲，鲜血染红了乃宁寺中的石阶。为纪念著名的乃宁寺大血战，藏胞编写了一首悲壮的民谣：

工布民兵勇敢，
英军倒地胆战，
乃宁寺中石阶，
鲜红血流淌满。

经过 4 个小时的血战，西藏民兵终因伤亡过大撤出乃宁寺。英军占寺后，抢走了寺内的所有文物和财产，纵火焚烧了该寺。

8. 紫金寺守卫战。乃宁寺失陷后，麦克唐纳、荣赫鹏所率援军与原驻江孜之英军会师，于 6 月 26 日迅速控制了年楚河以南之江孜谷地，与驻防江孜宗山和城区的藏军对峙。藏军架设在宗山炮台中的土炮，常向英军轰击。为切断江孜与日喀则间的联系，英军以一部兵力于 28 日攻击江孜西北方向之紫金寺。守卫紫金寺的 200 多名藏军、300 多名民兵和 130 多名僧兵，冒着英军的炮火轰击，以落后的武器坚决抗击英军从正面和后山两个方向发起的进攻。他们用石块猛砸英军，击毙英军上尉克拉斯特（Craster），打伤英军官兵数名，但终因火力不敌，战斗失利，伤亡僧兵和附近农民 70 余人。该寺陷落后，寺内珍藏的千余尊镀金佛像及其他贵重文物被英军洗劫一空。英军驻扎紫金寺及江孜郊区各地期间，任意放马于藏族人民庄稼地里，造成当年青稞大面积无收。英兵更恣意强奸藏族妇女，抢掠藏民财物、牛羊，引起藏胞的无比愤慨。当时江孜有这样一首民谣：

江孜碧绿的谷盆，
挤满了黄毛洋兵，
呜呼见此悲景，
谁有聚财发家的心情！

攻占紫金寺后，英军从东、南、西北三面包围了江孜城堡，切断了通向拉萨、日喀则的道路，准备总攻江孜城。

9. 江孜保卫战。乃宁、紫金两寺失陷后，江孜藏军向驻仁布亚德的总指挥宇妥噶伦告急，并表示誓死保卫江孜之决心。十三世达赖喇嘛派宇妥噶伦、仲译钦波等官员于 7 月 1 日到江孜与英方会谈。荣赫鹏蛮横提出要藏方撤除宗山炮台、搬走土炮，并限藏军于 7 月 5 日以前撤出江孜。西藏方面自然不能接受。英军遂于 5 日中午向江孜城区发起总攻。此时守卫江孜的藏军基本力量是第 5 团（代本扎西林巴）、第 4 团（代本吉普）和第 3 团（代本敏吉林巴、然巴），共 2000 余人，外加民兵、僧兵等，前线指挥为扎西林巴。藏军从 3 个团中抽调精锐分队 450 人扼守宗山，其余分队并民兵等防守白居寺、加日甲、宗山前、强擦岗各点。英军以优势炮火轰开江孜宗城堡一个缺口，并组织步兵冲锋。藏军和民兵打得非常勇敢。据 1954 年江孜 83 岁的韦堆旺堆和 68 岁的奔巴次仁两位老人说：扎西林巴代本率部在宗山抵御英军进攻时，用火药枪、飞蝗石和大石块坚决还击，山上的存水喝干了，他们就在夜晚将人用绳子从几十米高的悬崖上吊下来取山下的一坑污水喝，最后污水喝干了，就喝自己的尿。在这种情况下，藏军和民兵没有一人动摇。在藏军和民兵弹尽粮绝时，英军展开强攻。藏军和民兵仍以刀、矛、棍棒等同英军白刃搏斗，但终因伤亡过重，一路从北面冲出，一部从西南面的悬崖上用绳子吊下来，突出英军的重围，转移到白居寺继续投入战斗。据英国的随军记者埃德蒙·康特莱（Edmund Candler）记述：面对英军炮兵榴霰弹和机枪、步枪的猛烈射击，藏军和民兵视死如归，依然向爬墙头攻缺口的英军步兵打石头。经过 37 个小时的连续激战，英军于 7 月 6 日傍晚占领了江孜全城。攻下白居寺的英军抢走了这一著名寺庙的大批珍贵文物，将佛堂改成食堂，将转经筒钉上钉子制成食堂的食品输送带，恣意践踏藏胞视为神圣的寺庙和法器。藏胞对此无不咬牙切齿。以上就是可歌可泣的江孜保卫战。

10. 第二次卡惹拉阻击战。江孜失陷后，宇妥噶伦指挥藏军余部并新征召民兵在卡惹拉、浪卡子、娘索拉、甘巴拉等地布防。麦克唐纳、荣赫鹏于 7 月 14 日率英军 3000 余人，以及后勤供应员夫 4000 余人从江孜出发，17 日抵卡惹拉山下。藏军和民兵 2000 余人再次于卡惹拉山口修筑更长的墙垒，直延伸至诺金康桑雪山下，并挖战壕，阻击英军。18 日，英军除正面以炮火猛轰藏军、民兵阵地外，再次派小分队攀登山口一侧海拔 6000 米之山庄，居高临下侧射之。这时士气低落的藏军、民兵无心恋战，纷纷逃离战壕，溃退下来。英军轻而易举地攻占了卡惹拉。

以上就是西藏军民第二次抗英战争的十次主要战斗。

此后，藏军的防线基本瓦解。英军未遇什么抵抗，即于 7 月 19 日进抵羊卓雍湖边的浪卡子，22 日抵白地。英军在浪卡子、白地各留驻步兵一个连和少量骑兵，以保障其交通线安全。英军大队人马继续前进，于 23 日翻越甘巴拉。麦克唐纳派骑兵快速前出到雅鲁藏布江边，攻占嘉桑渡口，获两条大木船。加上从印度运来的两只轻便帆船，英军从 7 月 25 日—31 日用了一周时间，才将大队人马和辎重渡过雅鲁藏布江。正值夏季涨水时节，在汹涌的波涛中，渡江英军因翻船溺死大尉军官一人、士兵两人。接着，英军经过曲水，于 8 月 3 日进抵拉萨。十三世达赖喇嘛因不愿被英军擒俘，已于 7 月 28 日离拉萨经青海逃往蒙古地区。而无耻透顶的驻藏大臣有泰竟然携带米、面、牛羊肉等，亲赴英军在拉萨的驻地犒劳那些先后屠杀了四五千藏胞的侵略者，还为英军筹措了两天的给养。

谈判议和订约情况

在麦克唐纳、荣赫鹏的高压威胁和卖国贼有泰的一再促使下，掌握政教大权的摄政甘丹赤巴·洛桑坚赞（由十三世达赖喇嘛授权）和噶厦被迫议和，并经谈判，与英方签订了不平等的“拉萨条约”。其主要内容是:（1）西藏不得向任何外国出让土地、矿产等，使西藏成为英国的势力范围；（2）西藏向英国赔款750万卢比；（3）释放两名锡金间谍；（4）拆毁锡金至江孜、拉萨沿途要塞；（5）开亚东、江孜、噶大克三地为商埠；（6）西藏承认1890年条约，划定藏锡边界；（7）英军在亚东驻兵。

这一条约被清廷拒绝，当时属于无效，但却为两年后英国强迫清廷与其签订以“拉萨条约”内容为主要部分的1906年《北京条约》奠定了基础。在《北京条约》中，更延伸出英印人员在西藏所开三个商埠享有治外法权，在亚东至江孜间有设立邮电、驿站之权，在亚东、江孜两地有驻扎军队之权等内容。这样，英国就正式在西藏地方享有上述一系列的帝国主义特权。于是，西藏和中国其他地方一样，沦为半殖民地。西藏人民遭受农奴主和英印双重压迫剥削的这种悲惨状况，在旧中国延续了半个世纪，一直无法解决。直到新中国成立、西藏和平解放后，才彻底废除了上述不平等条约，并经过中印两国政府谈判，于1954年缔结协定，取消了印度继承英国的上述在藏特权。

“拉萨条约”签订后，英国侵略军以“凯旋”的姿态，于 9 月从拉萨启程返回印度。

战争失败的原因

这次抗英战争，历经半年多时间，以失败告终，原因是多方面的，但主要有以下四点：

1. 清廷对英国的入侵采取投降主义政策。腐朽昏庸怯懦的晚清朝廷，被英国的野蛮入侵吓破了胆，一味屈膝乞和，三令五申地命西藏方面不得动武。在曲米新古、古如、江孜等处两军对峙、战事一触即发的严重时刻，驻藏大臣都倾全力阻止藏族人民武力抗英。十三世达赖喇嘛、西藏地方政府不满不服清廷的妥协投降命令。有泰竟然致电清朝外务部说：“藏番执拗无理，胆大妄为……今欲折服其心，非任其战，任其败，终不能了局。”“倘番众果再大败，则此事即有转机，譬之釜底抽薪，不能不从吾号令也。”（吴丰培、曾国庆编撰：《清代驻藏大臣传略》，西藏人民出版社，1988 年，第 244—245 页）可见有泰蓄意要使西藏军民败北，要借英军之力压服西藏。英方看清了此点，采取拉清廷打西藏的策略，获得成功。

2. 西藏地方政府是和是战，举棋不定，谋略失当。在敌我力量悬殊的状况下，十三世达赖喇嘛和西藏地方政府虽然痛恨英帝国主义，不承认 1890 年条约，但内有清廷压其承认，外有落入英印势力范围的不丹、尼泊尔劝其承认，因而西藏地方政府中主和主战两种意见争论不休，在英军的入侵面前表现犹豫不决，往往开始口硬，强说欲战不谈；继而口软，令前线军官与英军会晤，要英军先退再谈；然后在英军不退仍进时又战；战败后再劝阻英军勿进，不成又战。这种情况，在曲米新古、江孜、浪卡子等地一再表现出来。在曲米新古轻信英军的“和谈诚意”而熄灭火枪点火绳，这是犹豫不决的典型表现，结果招致首战大败，完全中了英军圈套。不能切实立足于战，抱着劝退敌人的幻想，面对决心直捣江孜、拉萨的强势英军，当然只能失败。

3. 藏军没有能够掌握战争全局的精神统帅，指挥员军事素养甚低，战略战术十分呆板，虽有比较勇敢的扎西林巴等一些军官，但基本上都是打消极防御战。英军虽然在武器装备、作战指挥等方面均大大超过藏军，但也面临许多不利条件。他们冒险孤军深入气候恶劣、地形复杂、交通不便的西藏高原几百公里，士兵病倒，夫役逃亡，后勤保障异常困难，又遭藏族人民普遍仇恨反对。这些条件，本应为适应气候、熟悉地形、补给无大困难，又有民众支持的藏军加以利用，以己之长，击彼之短，去争取胜利。可惜藏军指挥员未充分加以利用。如能游而击之，疲惫敌人，避开大队英军的正面进攻，绕到英军后方交通线，奇袭英军兵站和守点分队，多打雪朗寺夜袭战、藏昌峡谷伏击战、少岗伏击战之类的歼灭仗，积小胜为大胜，变被动为主动，就完全可以使战争出现另外一种结局。然而藏军基本没有这样去打。曲米新古、乃宁寺、江孜、卡惹拉等大部分主要战斗，都是筑垒拦路，正面硬顶，死拼死守，结果恰恰有利于英军优势火力的发挥，造成自身重大伤亡，而无一处能够守住。两次卡惹拉阻击战中，都不注意控制阵地侧后的制高点，让英军派兵轻易攀登、加以控制，使本来自己居高临下击敌反而变成敌人居高临下击己。雅鲁藏布江之嘉桑渡口大木船这一关键性的重要渡河工具，藏军竟然不加控制，任其在南岸让英军夺占。如果事先拖至北岸，并派兵不断袭扰渡口，必能极大地增加英军渡江的困难。帕拉村和康马的两次袭击战，兵力均十倍于敌，若能利用夜暗严密组织静悄地偷袭，则极有可能全歼英军、击毙或生擒荣赫鹏。可惜均采取拂晓进攻，尤其是大声喧嚷叫骂，惊醒敌人，等于给敌人报信，使敌得以仓促转入防御，造成自身重大伤亡，让荣赫鹏逃脱。数千英军、夫役进到拉萨后，补给成大问题，麦克唐纳告知荣赫鹏：撤离拉萨返印的时间最晚不得超过 9 月 15 日。西藏地方政府和藏军如能有组织地撤离拉萨，并令民众坚壁清野，多方困饿敌人，拖过 9 月中旬，则英军将不战自退；或再袭占雅鲁藏布江渡口，设法断敌退路，搞好了，也有可能使英军全军覆没。但西藏地方政府、藏军没有这种军事眼光，基本不懂灵活机动的战略战术，一再丧失战机，致英军得以凯旋返印。

4. 西藏农奴主统治集团，不可能实行彻底的全民动员。藏军士兵、民兵基本都是派乌拉差役征召来的农奴，虽然有较普遍的仇英思想，作战中也出现不少英勇牺牲的烈士，但总的说来西藏人民并未完全动员起来。士兵和民众往往不大了解作战意义，西藏地方政府也未很好向他们宣传解释。特别是民兵，组织较松散，又缺少训练，更少实战经验，军政素质均不高，仅凭一时仇英情绪，不能持久；打了半年，一败再败，士气转趋低落，一旦从第二次卡惹拉战场上败下阵来，就溃不成军，还抢掠群众财物。

总之，不是一支人民军队，没有一套人民战争的战略战术，又无精明的统军人物，要想以弱胜强是困难的。

当然，上述问题的责任都在清廷和西藏农奴主统治者。这是不可避免的阶级局限性和时代局限性所致。西藏广大军民积极抗英的爱国热情和顽强作战、英勇牺牲的精神，仍应充分肯定，值得永远纪念，并将流芳万古！

（三）对取消印度在江孜亚东特权的几点回忆

王　贵

江孜碧绿的谷盆，
猥集黄发的洋人，
见此可憎情景，
怎有发家之心？！

这是 1904 年英帝国主义军队从锡金经亚东入侵西藏到达江孜以后，西藏抗英军民自发编吟的诗歌。这首诗，与著名的江孜抗英城堡一样，是英帝国主义侵略我国西藏和西藏人民坚决反抗英军入侵的历史见证。它反映了藏胞对英国侵略军的憎恨和国土被人侵占无心顾家的悲愤心理。西藏和平解放，我军进驻江孜、亚东以后，在部队学习藏语的热潮中，我很快就从江孜、亚东的藏胞中学到这首充满反帝爱国激情的诗歌，并记录下来，保存至今。

江孜、亚东一线，经 19 世纪末、20 世纪初英军两次武装入侵，强迫我国与之订立不平等条约以后，英国在这一地区获得许多严重损害我国主权的特权，主要有以下几项：

1. 开设商埠，强行通商。在通商的江孜、亚东两地，还常驻英国商务代表（又称商务委员），设立固定的官方机构。

2. 驻扎军队。在江孜常驻一个连，亚东常驻一个排，名为英国商务代表处的卫队。

3. 建立邮电设施。从锡金经亚东到江孜，架设电线，举办邮政，由英国人经营电话、电报、邮政业务。

4. 设置驿站。以 1904 年英军入侵时的兵站为基础，在亚东—江孜沿途的春丕塘、下司马、告乌、帕里、堆纳、多庆、嘎拉、萨马达、康马、少岗、江孜等地设置 12 个驿站，由英国人管理、经营。

5. 占有租界。英国在 1908 年前后强占亚东的下司马镇为租界，英国商务代表在当地享有类似领事裁判权的权利，直接统治该镇。英印商人等在当地享有特权，横行霸道，无法无天。镇里的民事纠纷和案件等均由英国商务代表审理。英国人和印度、尼泊尔商人等的违法活动均受英国商代处的保护，西藏地方政府官员和亚东头人无权过问。

1947 年印度独立以后，继承了英帝国主义的上述特权，只不过英国商务代表处改名为印度商务代表处（西藏和平解放后，改称商务代理处），英军军队变成印军军队而已。

旧中国，清朝政府造成的这些丧权辱国之事，北洋政府同国民党政府不仅无力解决，反而加重了这些困难。西藏地方上层分裂主义分子在西藏和平解放前后，竟然厚着脸皮说："西藏不存在帝国主义的侵略势力。"充分暴露了他们亲帝卖国的嘴脸。

《十七条协议》第十四条规定，"中央人民政府统一处理西藏地区的一切涉外事宜，并在平等、互利和互相尊重领土主权的基础上，与邻邦和平相处，建立和发展公平的通商贸易关系"。西藏和平解放后，我人民解放军于 1951 年 11 月进驻江孜，1952 年 7 月进驻亚东，我国取消印度继承英帝国主义的上述特权势所必然。

1951 年 12 月下旬，我们十八军司令部侦察科的部分同志跟随五十二师政治部主任周家鼎，进驻江孜。当即看到了驻江孜的印度商务代表处、兵营，也碰到过骑着高头大马去江孜一些贵族家中活动的印度官员。我们还了解到江孜藏族群众长期无偿为印度兵营供应柴草，乌拉差役负担加重的痛苦事实，迅即搜集上报了这方面的情况。以周家鼎主任为书记的江孜临时分工委也调查整理了这方面情况的材料，但是，对印度继承英帝国主义在江孜—亚东一线享有特权的全面、系统的调查研究工作，是由杨公素同志为领导的中央人民政府驻西藏代表外事帮办办公室（即西藏外事处）进行的。

经过外事部门两年多的准备、酝酿，到 1954 年初，在周恩来总理直接领导下，中央人民政府代表同印度政府代表团进行谈判后，于当年 4 月 29 日在北京签订了《中印关于中国西藏地方和印度之间的通商和交通协定》；同时，两国政府以换文方式解决印度在藏的特权问题。换文规定：

1. 印度政府愉快地将目前驻在中国西藏地方亚东和江孜两地的武装卫队自本照会互换之日起，6 个月内完全撤走。

2. 印度政府愉快地以合理的价格将其在中国西藏地方所经营的邮政、电报及电话等企业及其设备交给中国政府。

3. 印度政府愉快地以合理的价格将其在中国西藏地方的 12 个驿站交给中国政府。

4. 中国政府同意印度政府在中国西藏地方亚东和江孜的商务

代理处院墙内的房屋得由印度政府保留之。印度政府并得继续向中国方面租用商务代理处院墙内的地皮。同时，印度政府同意中国政府驻噶伦堡和加尔各答两地商务代理处向印度方面租用地皮并建筑房屋供其使用。中国政府对印度驻噶大克商务代理处自用的房屋问题，将尽可能给予协助。印度政府对中国驻新德里商务代理处自用的房屋问题，亦将尽可能予以协助。

5. 印度政府愉快地将其在亚东的商务代理处院墙内所占用的地皮以外曾经其使用或占用的地皮，一律交给中国政府。这样，我国就成功地取消了印度继承英帝国主义在西藏享有的各项特权。这也是新中国第一次同资本主义国家以谈判的方式取消其在华特权。

为了贯彻执行中印协定和换文，除江孜分工委加强领导外，中共西藏工委于 1954 年春决定成立亚东边防党委，全面领导亚东地区的边防，负责对外工作的开展。此外，外交部和西藏工委于 1954 年夏决定在西藏外事处下设亚东、江孜、阿里三个外事分处。1954 年 9 月，我从西藏军区司令部调亚东外事分处任秘书。

9 月中旬，我们亚东外事分处的人员从拉萨出发去亚东，经浪卡子、热隆、涅如翻山到康马以后，沿途看见康马至亚东一线的英式铁制电线杆、电话线和驿站（藏语称“扎极诺”）。这些驿站设备比较好，一般都有一间建有英式壁炉的客厅，几间卧室，还有卫生间、搪瓷澡盆、厨房、马厩等。住宿驿站者，首先是英国、印度进出西藏的官员及随员，其次是赴印度、锡金的西藏地方上层人士，一些与英、印驻拉萨总领事馆或驻亚东、江孜商务代表处签发的住站证。各驿站还装有电话机和邮箱等，住站人员可以向印度、锡金和亚东—江孜沿途各驿站打电话、寄信。每个驿站设一名“康涅”（管房员），负责看管驿站房屋、用具和邮电设备，并接待过往的住站人员（“康涅”均为藏族人，系英国、印度的雇员，领取英印的薪金），这些在我国境内由外国人建立并经营的邮电、驿站设施，长期为英、印人员和少数西藏分裂主义分子搞活动，提供了方便条件。

经过 12 天的行程，我们于 9 月下旬到达亚东。一进入下司马镇，立即看到东山坡上盖满红色铁皮房顶西式小洋楼的印度商务代表处和印度兵营。驻当地印军一个排已经大部撤走，但还留驻有五六人。印度商代处后山的山崖上，刻写着白底黑字的英军 20 世纪初某年某月某部队进驻此地的英文大字，十分醒目。下司马镇上夹杂在藏族居民住房中的几家印度商店里，席地坐着经营外货的印度商人，店铺外面张贴了许多英文、印地文的广告、图画，店里播放出阵阵印度歌曲和其他外国音乐。西藏高原南部这块小小的外国租界里，充满了浓厚的殖民地气息。当时我们心里很不是滋味，都深感接管下司马租界地和亚东至江孜沿途邮电、驿站设施的工作应该尽快完成，以捍卫我们伟大祖国的尊严。

1954 年 10 月 1 日，亚东外事分处正式宣告成立。傅生任处长，西藏地方政府的小三品台吉（官衔）丁甲·多吉坚赞任副处长。接管下司马的具体工作，由我们外事分处承担。

从邮电部调来西藏工作的谭学源、那启辉等一批干部，与我们一同从拉萨到达亚东，承担接管印方邮电设备的具体工作。江孜分工委调李继善等同志到亚东，承担接管印方驿站的具体工作。

1954 年至 1955 年春，上述各项接管工作在以阴法唐为书记的江孜分工委和以王运祥为书记的亚东边防党委直接领导下，陆续展开。

接管下司马镇

下司马镇位于上亚东和下亚东之间，南接玉萨岗村，北接八江村，东抵中国、不丹界山之麓，西临亚东河，面积不到两平方公里，共有七八十户藏族居民和几户印度、尼泊尔商人。印度商务代表处建在镇东北山坡名叫“杰士岗”的小台地上。商代处北侧是印军营房。营房东北的山坡下，还有一小块英、印军的坟地，里面立着几块英文墓碑。整个商处、兵营大院，由一圈木栏杆围着，与镇上的其他地皮隔开。这圈木栏就是中印换文所写明的“院墙”。

中印协定签订后，我党我军即于 5 月 1 日派出由 154 团参谋任组长、亚东物资转运站郭书林同志任副组长的工作组进驻下司马，开展工作，为我们正式接管下司马镇打下了基础。

亚东外事分处成立后，傅生处长、丁甲副处长与印度商务代理蔡伯尔、首席秘书旦巴等会面，磋商具体接管事项，并组织力量绘制了下司马镇和印度商代处的地图，确定商代处院墙内地皮的租金，恢复我国管理下司马镇的具体时间等。这些问题逐一谈妥后，外事分处草拟了准备与印商代处交换信件的文稿，上报西藏外事处。

在中、印双方达成于 1955 年夏由我国正式开始恢复对下司马镇实行行政管辖后，经西藏工委与噶厦协商决定：成立“下司马管理委员会”机构，由主任 1 人、委员 4 人组成。噶厦委派四品官赤门·索南班觉任主任，由我任外事委员，社会部刘炳贵任治安委员，下司马镇居民黄东生（清朝时入藏的汉人后代）、桑珠二人分别任民事委员和卫生委员。我们下司马管委会在外事分处指导下，立即开展了工作，傅生、丁甲都明确提出：我们一定要比过去英国、印度人管理得好些才行。赤门主任和我们一道漫步观看镇容，感到街道较脏，缺公共厕所，便立即通过亚东头人请来木匠、石匠，修建了几处公共厕所。镇上新开设的一个肉店出现乱涨价现象，群众反映强烈。丁甲副处长立即告知我们管委会说服肉店，将肉价回落到原来的售价。管委会的工作就这样逐步开展起来。

东山坡崖石上刻写的几处英国殖民军入侵年月、部队番号等英文大字，是历史上我国遭受欺辱的标志。现在收回下司马镇了，应当尽快消除这些标志。外事分处和下司马管委会请示亚东边防党委后，确定本着既要去掉字迹，又要注意维护中印友好的精神，采取不大肆张扬，避免公开刺激印度商代处，由少数人员携带工具，攀登山崖，快速砸掉英文字样的办法。据此，下司马管委会决定由我带领大个子石匠白玛去执行。白玛提了一把小石锤，同我一起绕道爬上东山坡，在石崖下用了不到一个小时，就把那几处英文字都砸掉了，我们还抓了几把泥土，将砸平的石面涂抹了两遍，直到没有任何痕迹。回来以后，管委会的人都拍手说：这件事，干得痛快。

在下司马管委会经手处理镇上的许多民事纠纷案件中，给我印象最深的是 1957 年夏天一家印度商店失火，烧毁本店和邻近一些藏胞住房。开始，印商抵赖，谎称有人纵火，推卸责任。这时印商代处的秘书竟然到街上妄加议论，干预我们审案，直接向我为印度商人说情。我当即说："这是我国内政，审案是我们的事，请你们不要干涉。"该秘书才停止了议论。经赤门主任带领我们进行了半个多月的调查、取证、审理，完全弄清了确系该店本身不慎失火，而非别人纵火，印商最后承担了自己失火的责任。下司马管委会终于结案，并处罚了失火印商。这一坚决维护我国主权和群众利益的事实，使下司马管委会在群众中的威信很快提高。委员桑珠高兴地说：如果是过去，失火印商肯定不会受罚，商代处会包庇他们。

丁甲副处长和赤门主任都曾感慨地说：过去几十年，下司马这块地方，我们自己不能管，反而由外国人来管；只有共产党领导下的新中国，和平解放西藏后，我们才重新有权自己管理下司马。

接管邮电、驿站

在我们接管下司马镇的同时，邮电部于 1954 年秋派晨阳同志进藏，负责全面接管印方邮电设备的工作。晨阳同志带干部从江孜南行，一路查看、登记沿途的印方邮电设备，到亚东后，即在我们外事分处同印商代处人员商谈具体接管邮电设备、档案资料和今后中印双方交换邮件事项。江孜分工委派来的李继善同志也带领周克仁等干部查看、登记江孜至亚东 12 个驿站的设备、物资，并与看管各驿站的"康涅"逐一谈话，让他们做好脱离印方后转回为祖国工作的思想准备。1954 年 12 月至 1955 年 3 月，阴法唐、侯杰（江孜分工委副书记）、晨阳、丁甲等受中央人民政府驻西藏外事帮办的委托，同印方的蔡伯尔等人一道，完成了对上述邮电设备和 12 个驿站的全面清点、估价工作。接着，我国政府一次向印方付清了 31 万卢比的折价款项。从 1955 年 4 月 1 日起，我们正式接管了上述邮电设备和驿站。

在接管的基础上，我们在亚东建立了邮电局和驿站管理处。邮电局长由谭学源同志担任，驿站管理处的正副处长分别由李继善和诺杰（西藏地方政府的六品官）担任。各驿站的“康涅”都转为我国的工作人员，领取我国薪金。

当时的亚东邮电局，营业范围和工作质量都大大超过了原印方的邮电企业。过去印方的邮电，仅仅为英印官员、商人和少数西藏人员服务，业务量很小。而我们的邮电，既为广大藏、汉各族干部、职工、群众服务，同时也为印商或印方其他人员服务，可以拍发汉、英、法文的电报，邮送藏、汉、英、印各种文字的信件，业务量大为增加，成为亚东地区开展对外交往和境内各项工作的一个不可缺少的部门，在亚东的革命建设和人民生活中发挥了重要作用。

我们收回的驿站，也继续发挥了作用。在 1956 年公路通车亚东以前，各驿站承担了接待骑马或步行往返江孜、亚东一线的干部、职工的工作。公路通车亚东以后，大部分驿站不需要再接待过往行人，因而改为当地的公用住房，下司马驿站则较长时间用于接待临时来亚东工作的干部、职工等。下司马驿站的“康涅”名叫乌金，是个十分忠厚、勤劳的藏族劳动者。驿站收回由我国管理后，我驿站管理干部平等待人，政治上关心，生活上照顾他们这批“康涅”，外事分处的干部还常对他们谈话教育，要他们好好学习、工作。乌金感到自己获得了新生，工作积极性很高，他经常把驿站收拾得干干净净，热情接待住宿人员，精心管理站里的几十株苹果树，工作做得很好，后来成为亚东县机关职工中的一名积极分子。

至于印度从江孜、亚东两地撤走其驻军问题，也按照中印换文的规定，于 1954 年 9 月 30 日以前完成了。其中驻江孜的印军一个连约 80 人的官兵，本来高高兴兴地准备回国，却于当年 7 月 17 日凌晨突遇水灾，大部分官兵及其家属、子女被淹死，只有 11 人被我江孜分工委机关干部救了出来，不久即撤回印度。驻亚东的印军一个排（约 30 人），也陆续离开下司马，经春丕塘、乃堆拉出境，由锡金回到印度，至 9 月 30 日全部走完。

英国、印度在我国西藏江孜、亚东沿途地区享有半个世纪的殖民主义特权，在和平解放西藏不到 4 年就顺利地消除了。回忆当年参加这些工作的往事，我总是为党的英明决策和社会主义祖国的强盛而感到无比自豪。

（四）抗英老人话今昔

魏　克

1953 年春天，为了向西藏人民宣传《关于和平解放西藏办法的协议》并慰问驻守江孜、亚东和日喀则的部队、沿途兵站和广大藏族人民群众，我们部队文工团进行了为时三个月的演出活动。在演出的节目中，有个《反帝活报剧》，是根据 1904 年藏族人民英勇反抗英帝国主义武装侵略西藏的斗争事迹编写的。

每当演出这幕戏时，都受到观众们的热烈欢迎，特别是一些藏族老人更为之激动。他们看完戏后，就给我们的演员讲述当年斗争的经过和英雄故事，让我们补充完善以便把这个戏演得更好。在浪卡子宗演出时，藏族群众远从五六十里外的打隆宗和羊卓雍湖对岸的牧区赶来看戏。演出刚结束，宗本就亲自送来 10 个鸡蛋。这在当时是比较珍贵的礼物，除了向我们表示感谢外，还特别向我们讲述了抗英斗争的往事：他哥哥曾率领当地人民在札拉抵抗英国侵略军的战斗中英勇牺牲了。他说，从这里去江孜，走 40 里就是札拉，过去有十几户人家的小村，当年英国人在那里杀人放火，洗劫一空，现在只剩下带着弹痕的残墙断壁了。每年都有人到那里去念经，挂经幡，为那些英勇牺牲的亡灵进行超度。

4 月 1 日，我们在抗英的英雄古城——江孜演出《反帝活报剧》，很多观众看后激动得流下了眼泪。一位 60 多岁的依加旺姆阿妈对我们说："过去我们受那样大的灾难，没有人替我们藏族人民说过一句话，今天看到演我们自己的戏，像是替我们倒出压在肚子里几十年的苦水，心里感到特别痛快！"

演出第二天，我访问了边巴次仁老人，他是参加曲米新古和保卫江孜战斗的爱国英雄。边巴次仁满腔愤怒地说："在那些英国魔鬼武装入侵我国领土的时候，我们西藏的僧俗都拿起刀枪到了前线，并把英国军队阻挡在曲米新古南边，使他们不能前进。可是阴险狡猾的敌人说要进行谈判，把我们的指挥官骗到他们的营房里，并用金钱收买他们，收买不成，就用武力威胁他们，也没有办到，就对我们的指挥官下了毒手；还骗得我们严阵以待的军民熄灭火绳，表示对谈判的诚意。谁料到他们把这些骗局安排妥当之后，便向我们的阵地发起了突然进攻，弄得我们措手不及，火药枪还来不及点燃，他们的机枪和大炮就一齐向我们猛烈开火了。就这样，当时有七八百名爱国同胞惨死在敌人的炮火之下，这是英国强盗对我们西藏人民欠下的一笔血债。当时，我们西藏人民没有被敌人的屠杀所吓倒，反而激起各地僧俗人民更坚决的反抗。从硕达洛仓赶来的人们，在康马袭击了英国的军队；从工布江达调来的民兵，在乃宁寺打了一场出奇制胜的伏击战；紧接着就是我们各地集合起来的僧俗军民在江孜进行了 3 个多月的浴血保卫战。大家团结一心，英勇奋战，给了英国侵略者以沉重的打击，为江孜山城写下了可歌可泣的壮丽诗篇。"边巴次仁老人深有感慨地说："英国侵略者留在藏族人民心里的是仇恨。"在江孜人民中流传了 50 多年的一首民歌，就是明证：

年楚河哟，波浪滚滚，

流不尽江孜人民的心头恨；
雅鲁藏布江哟江水奔流，
洗不尽西藏人民满肚子的仇。

现在毛泽东主席派解放军到西藏来，把帝国主义侵略势力赶出西藏去，我们重新回到了祖国大家庭的怀抱里，我们很快就会过上幸福生活。

当我们采访抗英老人格朗白吉时，他向我讲述了 50 年前的故事。这位著名的老英雄，身体健壮，性格爽朗，待人热情，他曾亲自参加过两次抗英斗争。他说："在土鼠年和木龙年（1888 年和 1904 年），英国军队两次侵略我们西藏，他们像魔鬼一样，到处杀人，抢东西，给我们带来了灾难。英国兵打到了拉萨，杀了我们许多老百姓，还强迫我们订了条约。从此，他们就霸占了亚东。我们就像失掉了母亲的孩子一样，长期受他们的残酷压迫和剥削，天天在奴役下过日子……"格朗白吉老人的控诉，使我感到愤怒，且为西藏人民的爱国主义的英勇精神所感动；对藏族人民所受的苦难更是深表同情。老人又接着说："我活了 83 岁啦，也盼了几十年，终于盼来了你们解放军。从去年金珠玛米来到亚东，就把我们从帝国主义的魔爪下解救出来了。共产党和毛主席像天上的金太阳，融化了喜马拉雅山的万年冰雪，也温暖了我们藏族人民的心。我这样大的年纪，什么样的军队都见过，前清的、英国的、印度的，还有我们西藏的，没有一个军队像你们这样爱百姓，守纪律，能打仗，会劳动，谁见了谁夸奖。今天有了毛主席的领导，有了强盛的祖国，有你们这些英勇善战的'神兵'守卫国防，我们亚东的百姓就放心啦，西藏人民和全国人民也都放心啦！”他越说越激动，从自己的房子里拿出一把又粗又长的竹弓和几支锋利的箭头，送到我们面前说：“这是我过去用来打击英国强盗的，一直保存到现在，现在有了你们守边疆，再也用不着了，我送给你们解放军作个纪念吧！”他眼含深情的热泪把弓箭交给了我，我怀着敬佩的心情接过了这些像生命一样珍贵的礼物，不知说什么好。因为它不只是藏族人民用来保卫祖国反抗侵略的武器，而且也是献给我们进藏人民解放军的一颗赤诚的心。我也被感动得流出了热泪，怀着尊敬的心情对老人说：“谢谢您老人家对我们解放军的信任。有了您老人家和亚东人民的爱国精神，有我们藏汉民族的亲密团结，就像是在喜马拉雅山筑起了一道钢铁长城，帝国主义强盗再也不敢来侵略西藏，西藏人民和全国各族人民一定能过上和平与幸福的生活！”

（五）英雄城遐思

单 超

康马祭英烈

康马位于江孜、亚东之间，虽然只有几十户人家，却因 1904 年抗英时进行过英勇悲壮的曲米新古大战而闻名中外。当年夏天，英国侵略军司令官荣赫鹏率军由亚东经嘎拉攻向江孜大门的康马，遇到藏军和当地人民前仆后继的抵抗。到康马地区的曲米新古时，十三世达赖喇嘛和西藏地方政府动员的军民从前后藏各地先后赶到曲米新古，声势浩大，人马众多。当时，藏军前线指挥官是英勇的拉顶代本。他决心以死相拼，把侵略者赶出去。一天，荣赫鹏派人与拉顶联络，提出和谈罢兵，藏方经研究后表示同意，约定在曲米新古谈判。曲米新古是一处四面环山的草坝，太阳出山后，拉顶带领藏军和民兵与有关人士按时间和方位进入曲米新古。同时，荣赫鹏也带着官兵列成阵势。荣赫鹏见藏军的火绳缕缕冒烟，提出：如果谈判有诚意，就该把火绳熄灭，以免有人突然点燃火药枪，破坏和谈；因为他的士兵的枪膛内都没有子弹。说着，让身旁的官兵把枪栓拉得哗哗响，表明是空枪。拉顶等犹豫了一下，最后同意把火绳灭掉。不料，恰恰中了奸计，荣赫鹏阴险地笑了一下，提出种种苛刻条件，拉顶愤然拒绝，命令荣赫鹏立即滚回去。荣赫鹏一声令下，他的官兵顺手推子弹上膛，就地卧倒向藏军扣射，与此同时，周围山岭上埋伏的英军一齐开火，藏军和民兵伤亡甚大。藏兵和民兵的武器，除去火药枪便是腰刀。拉顶代本大骂荣赫鹏无耻，带头拍马舞刀冲入敌阵，直取荣赫鹏，荣赫鹏急急打马后逃，英兵枪声大作，双方经过一阵激战，拉顶代本等虽然砍死一些敌兵，终因武器低劣而先后中弹倒地。拉顶代本直到气绝身亡，仍然紧握大刀，双目怒视前方。这一仗，敌人损失无几，藏方军民伤亡惨重。后来藏胞在晴朗的天空，指着北斗星对子孙讲抗英故事，把北斗星说成拉顶星，逢年过节，焚香膜拜。

这故事，我从民间多次听说。当时我们在由涅如返江孜途中，专门在康马留宿，去拜望曲米新古，以追悼先烈亡灵。我们学习藏胞的习俗，在青青的草地上，举行了“煨桑”仪式。我们点燃松枝，把青稞面撒向天空，又把青稞酒洒向地面，同时高呼：拉顶代本和抗英先烈们，祝你们在天之灵吉祥如意！保佑西藏风调雨顺，五谷丰登，人畜兴旺，生活幸福！

我们在草坝上漫步，看着白色的羊群，黑色的牛阵，和放牧者一起抚今忆昔，直至红日隐向雪山，怅惘而归。

拜访抗英老人

我们到江孜后，在游览宗山时，就听说江孜、康马、亚东等地，都还有当年参加抗英的老人健在。当时由于救灾事务紧急，没来得及拜访。从 1904 年到 1954 年，已经 50 年了，他们都是七八十岁的老人了，可谓抗英爱国的老英雄了。他们生活得怎么样？在康马吃过晚饭后，请房东指引，我们在一处高墙下找到一小间用牛角、草坯垒成的小屋，那便是康马地区唯一活着的 74

岁的抗英战士洛布泽仁居住的地方。洛布泽仁当时是康马头人的家奴，主人同意他参加了民兵队。我们见屋内一片黑暗，寂静无声，以为他睡着了，便轻轻呼唤他的名字。一连喊了几声，才见用羊皮做的门帘一动，钻出一个瘦高个的老人。明月如灯，可以清楚地看见他额角的伤痕。“是找我吗？”他吞吞吐吐地问。我们递上香烟，请他坐在一块方石上，连忙说明来意。他接过烟并不吸，顺手夹在耳朵上，好一会儿才说：“唉，早过去啦！说它有什么用？”我们说，您的事迹对后人是个教育，也是您的光荣。他冷笑一声，“我那些兄弟，都和拉顶代本一块升天了。我中了一枪，却只穿破一层皮；活下来，又怎样？70 多岁啦，还是一个人！”房东悄悄告诉我们，他娶不起老婆，所以没有孩子，打完仗，还是当佣人。老了，靠捏泥佛为生。灾后，买泥佛的人也少了，他也该算作灾民。这一说倒提醒了我们，虽然身边已经没有救灾物品，我们自己还是有物可赠。话题扯到救灾上，便以救灾名义赠送他力士鞋一双，衣服两件，外加两个银元。起初，他推辞不受，后来才接下了。他的情绪慢慢好起来，从小屋中拿出一支带支架的火药枪和一把明晃晃的腰刀。他说：“当时火药枪没用上，这把刀却砍死了一个大鼻子。如果我不受伤，还能砍死几个。”说到这里，他变得诙谐起来：“也许是我对佛心诚，我一受伤，英国兵见我满脸血倒下去，以为我死了，便放过了我。不然，就不能喝青稞酒了！”这时，月明星稀，洛布泽仁站起身来望拉顶星，咕咕哝哝地进行祈祷，我们也起身注视，心儿随着他的祈祷声飞回到浴血的战场。

回到江孜后，我们又去拜访另一位抗英老人。那人也是孤身，住在宗山脚下一个半是山洞、半是石块筑成的窝棚里，以揉皮子为生。他和洛布泽仁不同，说他是聋哑人，他有时答应一字半句的，情绪一直不高；可能是大水刚退，他的窝棚仍然湿漉漉的，还是别有原因？不管我们问什么，他只顾揉皮子，就是不爱搭理。不得已，当天傍晚，我们留下一口袋糌粑和两个银元，外加一条相当新的毛毯，说以后有空再来看他，便退出窝棚。他朝我们望了一眼，作为送别，接着又去忙他的活计。我们决心和他交朋友，一有空就去看他。每次去，总带点礼物，甚至把伙房买的馒头和罐头也带去。第三次后，他开始和我们交谈了。

他名叫强巴，抗英时，是白居寺的一个小喇嘛。英军重兵包围宗山后，他听说守山的藏军和民兵缺水，靠自己的小便活命，便和几个喇嘛一道，半夜里冒着炮火抄小路，爬陡坡去送水。哪知刚到半山腰，他背的水桶便被子弹打穿，水往外冒，他又用手捂着桶眼，继续往上爬。突然，他觉得肩上重重挨了一下，便眼冒金花倒了下去。醒来后，他呼叫着找水桶，才发现自己躺在一位阿妈怀里。原来，他负伤后滚下山去，被阿妈的儿子救起背回家，用哈达缠住流血的伤口。他一直在阿妈家养伤，直到宗山上火药库爆炸起火，山上活着的 20 多个英雄全部被炸死。宗山被英国兵占据后，他又被白居寺一管事的人带回寺庙。庙里怕英兵追查反抗者，叫他换上便衣还了俗。他是个从小当喇嘛的穷孩子，不知父亲是谁，阿妈把他送到寺庙后，去拉萨朝佛，再也没有回来。他无处可去，又去找那位曾经救护他的阿妈，认他为干娘。后来干娘去世，他便在宗山背后建了个窝。除去揉皮子，世上万事万物，他都不关心。他唯一的爱好，是在月明风清的夜晚，登上宗山，祈祷抗英英雄们吉祥如意，灵魂超脱，转生为有福之人！

而今，抗英老人们早已魂归西天。我真为他们没能过上民主改革后的幸福生活而遗憾！但他们却永远活在我的心中。

三

中英两国签订的几个不平等条约及其他

(一)《中英会议藏印条约八款》

(订立于1890年3月17日，1890年8月26日在伦敦互换，自互换之日起生效)

兹因大清国大皇帝、大英国大君主五印度大皇帝，实愿固敦两国睦谊，永远弗替；又因近来事故两国情谊有所不协之处；彼此欲将哲孟雄西藏边界事宜，明定界限，用昭久远。是以大清国大皇帝、大英国大君主，拟将此事订立条款，特派全权大臣议办。由大清国特派驻藏帮办大臣副都统衔升，由大英国特派总理五印度执政大臣第一等三式各宝星上议院侯爵兰，各将所奉全权便宜事行之上谕文凭公同校阅俱属妥协。现经议定第八款，胪列于后：

第一款　藏哲之界，以自布坦交界之支莫挚山起，至廓尔喀边界止，分哲属梯斯塔及近山南流诸小河，藏属莫竹及近山北流诸小河分水流之一带山顶为界。

第二款　哲孟雄由英国一国保护督理，即为依认其内政外交均应专由英国一国径办。该部长暨官员等除由英国经理准行之事外概不得与无论何国交涉来往。

第三款　中英两国互允以第一款所定之界限为准，由两国遵守并使两边各无犯越之事。

第四款　藏、哲通商应如何增益便利一事，容后再议，务期彼此均受其益。

第五款　哲孟雄界内游牧一事，彼此言明，俟查明情形后，再为议订。

第六款　印藏官员因公交涉，如何文移往来一切，彼此言明俟后再商另订。

第七款　自此条款批准互换之日为始，限以六个月由中国驻藏大臣、英国印度执政大臣各派委员一人，将第四、第五、第六三款言明随后议订各节，兼同会商，以期妥协。

第八款　以上条款既定后，应送呈两国批准，随将条款原本在伦敦互换，彼此各执，以昭信守。

光绪十六年二月二十七日即西历一千八百九十年三月十七日，在孟腊城缮就，华、英文各四份盖印画押。

（二）《中英会议藏印条款九款》续款三款

（订立于1893年12月5日，1893年12月5日
在大吉岭互换）

通商

第一款　藏内亚东订于光绪二十年三月二十六日开关通商，任听英国诸色商民前往贸易，由印度国家随意派员驻寓亚东，查看此处英商贸易事项。

第二款　英商在亚东贸易，自交界至亚东而止。听凭随意来往，不须阻拦，并可在亚东地方租赁住房、栈所。中国应允许所建住房栈所，均属合用。此外另设公所一处，以备如第一款内所开印度国家随意派员驻寓。其英国商民赴亚东通商，无论与何人交易，或卖其货，或购藏货，或以钱易货，或以货换货，以及雇用各项役马夫脚，皆准循照该处常规，公平交易，不得格外刁难。所有该商民等之身家货物，皆须保护无害。自交界至亚东，其间朗热、打均等处，已由商上建造房舍，凭商人赁作尖宿之所，按日收租。

第三款　各项军火器械暨盐、酒、各项迷醉药，或禁止进出，或特定专章，两国各随其便。

第四款　除第三款所开应禁货物外，其余各货，由印度进藏，或由藏进印度，经过藏哲边界者，无论何处出产，自开关之日起，皆准以五年为限，概行免纳进出口税。俟五年限满，查看

情形，或可由两国国家酌定税则，照章纳进出口税。至印茶一项，现议开办时，不即运藏贸易。俟百货免税五年限满，方可入藏销售，应纳之税不得过华茶入英纳税之数。

第五款　各项货物到亚东关时，无论印度货物、藏内货物立当赴关呈报请查，开单注明何项货物多少，及分量若干，置价若干。

第六款　凡英国商民在藏界内与中藏商民有争辩之事，应由中国边界官与哲孟雄办事大员面商酌办，其面商酌办者，固为查明两造情形，彼此秉公办理。如两边官员意见有不合处，须照被告所供，按伊本国律例办理。

交涉

第七款　印度文件递送西藏办事大臣处，应由印度驻扎哲孟雄之员，交付中国边务委员，由驿火速呈递。西藏文件递送印度，亦由中国边务委员交付印度驻扎哲孟雄之员，照章火速呈递。

第八款　中、印两官所有往来文移，自应谨慎呈递，及来往送信之人，亦应令两边委员照料。

游牧

第九款　从亚东开关之日起，一年后凡藏人仍在哲孟雄游牧者，应照英国在哲孟雄随时立定游牧章程办理。凡该章程内一切须先晓谕通知。

另款

第一款　中、印各驻扎委员，如有议事意见不合之处，应由各委员呈报该管上司议办，倘该上司意见仍属不合，应由各上司请示本国国家议办。

第二款　自此次条约议定之日起，于五年后如查其中有应行变通更改之处，必须于六个月之前声明，以便两国各派员议办。

第三款　藏印条约第七款内载由中、英各派员将第四、五、六三款言明，随后议订各节，公同会商等语。现经两国派员公同将以上通商、交涉、游牧三款议订九条，并续款三条，言明应与原约视同一律其实力奉行之处，亦与逐字载入原约无异，彼此会同画押为凭。

光绪十九年十月二十八日即西历一千八百九十三年十二月五日在大吉岭缮就，中、英文各四份画押。

大清国二品顶戴奏准会同画押四川越巂营参将何长荣

大英国特派政务司保尔

大清国赏戴花翎头品顶戴双龙二等宝星奏准会同画押税务司赫政

（三）“拉萨条约”

（1904 年 11 月 11 日）

案查光绪十六、十九年，中国与英国所订两次英藏条约，因其意义并切实施行均有疑难之处；又查英藏历年和好，近因事故，情意未洽，今欲重修旧好，将所有疑难之事全行解定。兹大英国政府特派边务全权大臣荣赫鹏，与噶尔丹寺长罗生戛尔曾暨噶布伦并色拉、别蚌、噶尔丹三大寺之呼图克图，兼与西藏民教诸首领，代表西藏议定条款，开列于后：

第一款　西藏应允遵照光绪十六年中英所立之约而行，亦允认该约第一款所定哲孟雄与西藏之边界，并允按此款建立界石。

第二款　西藏允定于江孜、噶大克及亚东即行，开作通商之埠，以便英藏商民，任便往来贸易。所有光绪十九年中国与英国订立条约内，凡关涉亚东各款，亦应在江孜、噶大克一律施行。惟嗣后如英藏彼此允改，则该三处应从改定章程办理。除在该处设立商埠外，西藏应允所有现行通道之贸易，一概不准有所阻滞，将来如商务兴旺，并允斟酌另设通商之埠，亦按以上所述之章一律办理。

第三款　光绪十九年中英条约所有更改之处，应另行酌办，西藏允派掌权之员与英国政府所派之员会议详细酌改。

第四款　西藏允定，除将来立定税则内之税课外，无论何项征收，概不得抽取。

第五款　西藏应允所有自印度边界至江孜、噶大克各通道不得稍有阻碍，且应随时修理，以副贸易之用，并于亚东、江孜、噶大克及日后续设之商埠，各派藏员居住，英国亦派员监管各该处英国商务，如欲赍送公文信函于藏官，或驻藏各华官均责成商埠居住之各该藏员接收转送，复文回信，亦一律责成此员妥送。

第六款　因藏违约，英国派兵前往拉萨责问；又因英国边务大臣暨其随员、护兵等被侮、被攻，是以西藏允兑给英国政府英金五十万镑，合卢比银七百五十万元，以赔补兵费及无礼侮攻各情。此赔款应在英国政府随时所定之处，或于藏境内，或于英境大吉岭、札拉白古里等地面内清缴，每年西历正月初一日兑银十万卢比，七十五年缴清。应于何处收兑，英国政府预先知照。第一期应在西历一千九百零六年正月初一日照数兑交。

第七款　俟以上所述之赔款照数缴清后，并第二、三、四、五等款内所称商埠切实开办三年后，英国政府于未办之先，仍于春丕驻兵，暂守作质，至赔款清缴或商埠妥立三年后最晚之日为止。

第八款　西藏允将所有自印度边界至江孜、拉萨之炮台、山寨等一律削平，并将所有滞碍通道之武备全行撤去。

第九款　西藏允定，以下五端，非英国政府先行照允，不能举办：

一、西藏土地，无论何外国，皆不准有让卖、租典或别样出脱情事；

二、西藏一切事宜，无论何外国皆不准干涉；

三、无论何外国皆不许派员或派代理人进入藏境；

四、无论何项铁路、道路、电线、矿产或别项利权，均不许各外国或隶各外国籍之民人享受，若允此项利权，则应将相抵之利权或相同之利权，一律给予英国政府享受；

五、西藏各进款，或货物，或金银钱币等类，皆不许给与各外国或籍隶各外国之民抵押拨兑。

第十款　此约共缮五份，由商定之员在拉萨，于光绪甲辰年七月二十八日，即西历一千九百零四年九月初七日画押、盖印为凭。

大英国边务大臣荣赫鹏印

达赖喇嘛印（此印乃噶尔丹寺长所钤）

噶布伦印

别蚌寺印

色拉寺印

噶尔丹寺印

西藏首领印

英藏各员现行声明，今日所立之约，以英文为凭。

大英国边务大臣荣赫鹏印

达赖喇嘛印（此印乃噶尔丹寺长所钤）

噶布伦印

别蚌寺印

色拉寺印

噶尔丹寺印

西藏首领印

印度总督喻士尔签押

此约西历一千九百零四年十一月十一日在印度新辣由印度总督当堂批准。

印度政府外部大臣费礼夏签押。

印度总督所声明之款，附于已经批准之光绪三十年七月二十八日即西历一千九百零四年九月初七日，所立英藏条约之内。光绪三十年七月二十八日即西历一千九百零四年九月初七日，英国所派边务大臣荣赫鹏代英国政府与噶尔丹寺长罗生戛尔曾暨噶布伦并色拉、别蚌、噶尔丹三大寺之呼图克图、兼与西藏民教诸首领代表西藏所立之约，现经印度总督批准，并惠允饬将该约第六款西藏应赔补英国入藏兵费，由原定七百五十万卢比减为二百五十万卢比，又复声明该约所定之赔款，初缴三年，三期之后，英国所派占守春丕之兵，可以撤退。惟该约第二款所立之商埠，西藏须按照第七款开妥三年，并须按照该约内各节一一认真遵办。

印度总督喢士尔签押。

（四）《中英新订藏印条约》

（订立于 1906 年 4 月 27 日）

案查该续订藏印条约以英国与西藏在拉萨订立英藏条约十款，现已将英藏条约附入正约作为附约，其正约要则为英国允不占并藏境及不干涉西藏一切政治，中国亦应允不准他国干涉藏及其一切内政。附约要则为西藏允定于江孜、噶大克、亚东即行开始商埠。此约自画押之日起，限三个月在伦敦互换，且该正约第四款业经中英关税条约附件二废止矣。

正约

案查光绪十六年二月二十七日及十九年十月二十八日，中国与英国所定两次藏印条约其所载各款西藏并未认为确实，亦未允切实遵办。英国政府惟有设法保卫该两约所享利权，旋于光绪三十年七月二十八日，在拉萨定立英藏条约十款，嗣于光绪三十年十月初五日，由印度总督代英国政府将该约批准，并将当日所声明之条款更订之文据附入。

兹大清国大皇帝、大英国全境大皇帝兼五印度大皇帝，因欲固存两国友睦，历久不渝，大清国大皇帝特派钦差全权大臣、外务部右侍郎唐绍仪，大英国大皇帝特派钦差驻扎中华便宜行事全权大臣功赐佩带头等迈吉利宝星萨道义，各将所奉全权大臣便宜行事之敕谕，互相较阅，俱属妥善。现议定各款，开列于后：

第一款　光绪三十年七月二十八日英藏所立之约暨其英文、汉文约本，附入现立之约，作为附约彼此允认，切实遵守，并将更订批准之文据，亦附入此约，如遇有应行设法之时，彼此随时设法将该约内各节切实办理。

第二款　英国国家允不占并藏境及不干涉西藏一切政治。中国国家亦应允不准他外国干涉藏境及其一切内治。

第三款　光绪三十年七月二十八日英藏所立之约第九款内之第四节所声明各项权利，除中国独能享受外，不许他国国家及他国人民享受。惟经与中国商定，在该约第二款指明之各商埠，英国应得设电线，通报印度境内之利益。

第四款　所有光绪十六、十九年，中国与英国所定两次藏印条约，其所载各款如与本约及附约无违背者，概应切实施行。

第五款　此约分缮英文、中文，业已细校相符，惟辩解之时，仍以英文为准。

第六款　此约须由两国大皇帝批准画押，自两国全权大臣画押之日起，限三个月在伦敦互换。此约中文、英文各缮四份，共八份。两国全权大臣画押盖印为凭。

大清国钦差全权大臣外务部右侍郎唐绍仪

大英国钦差驻扎中华便宜行事全权大臣功赐佩带头等迈吉利宝星

光绪三十二年四月初四日、西历一千九百零六年四月二十七日立于北京

四

西藏地方政府的几个布告

（一）藏历木蛇年（1905）抗英战争结束后，西藏地方政府向江孜地区公属百姓发放救济粮和无息定期还粮的清单

木龙年（1904），江孜差民的庄稼，遭到英国侵略军的破坏，拟对贫苦百姓给予粮食和种子的救济。其办法是：按借粮契约规定，发放青稞八千四百五十六藏克七折三丕。从火马年（1906）开始，每年偿还九分之一，十年内还清。

对贵族的寺庙庄园，按契约规定发放青稞三千八百五十藏克，豌豆三百藏克。每年按十分之一收取利息，六年内还清。

另根据噶厦的批示，对帕拉的属民，发放年利为十分之一的青稞五千藏克，按契约规定实发青稞二千三百藏克。

给平德、色觉寺的庄园和仲地方的百姓发放年利为十分之一的青稞三千三百藏克，豌豆五百藏克。政府差民和昂笨、唐

贤两户因住房被毁，给予房屋修缮费青稞一千六百七十九藏克一折五丕。

给修建热龙地区汉式亭子经费青稞一百四十藏克。给修缮郭溪地方汉式八角亭经费青稞十七藏克一折。

给宗政府文书购置桌子、垫子，及修复墙围等公用接待设施费青稞三百藏克。

借给朗东地区的政府差民嘎加堆巴青稞、豌豆各一百五十藏克。

以上共计支付粮食二万三千八百四十三藏克十一折又三分之一。

自治区文管会供稿

（译者：旦真）

（二）关于百姓每年向驻江孜英军支应物资的有关文件之一——《噶厦布告》

关于向驻江孜英军支应物资办法。在江孜商务总办堪穷和白居寺堪布所封存在商务总办机构的档案——《火蛇年法令》和《羊只清册》《补充指令》等文件中均有详细规定。若能按上述文件精神认真贯彻执行，那将是无可非议的，但是前段时期，由于尔等图谋私利，政府主张未能付诸实施，放任自流，实为不妥。依靠我方供应的驻江孜英军所需之主要物资，因是由噶厦征购来的，故其货款收入应全部上缴噶厦，以补偿其支出。因而，今后工作所遵循的原则是：

第一，前拨给江孜商务总办用以采购粮豆作为供应资金的藏银三千两，现由此间机关收回对公结算。今后彼处采购供应物资所需之资金，以白居寺堪布强曲户头，从造币厂二位总监领支。

第二，为驻江孜英军提供山绵羊，可以政府提供的实物资金结算办法。《羊只清册》中曾明文规定，以今年起，承担供应任务的宗豁，每年从实际繁殖数中向驻江孜英军提供规定数额；对剩余部分，按当地价格收取现金，做到公私双方互不吃亏。内外账目，务于当年结算清楚，不得拖延。在提供实物或现金的各宗豁之间，本着互不吃亏的原则，要轮流安排。

第三，为了减少百姓所支应的草料在运输上的损耗，可不必从各地称购，而由两总办从色觉、彭德两豁卡所剩余的饲草中按市价购买。不足部分，可在草料充足之时，从他处购买以供应驻江孜英军。从色觉、彭德两谿卡购草所支付的草钱，按规定每斤以二钱计，减去各支应宗所负担的部分，余额分配给各宗缴纳。

第四，噶厦、贵族、僧侣所属的上、中、下三等人，凡向驻江孜英军出售货物者，须经噶厦委派的二总办之许可，方得出售。严禁直接与英驻军公开或私下进行买卖。

第五，对向英驻军出售物品的个人，二总办应公平地按市价立即支付货款，不得从中盘剥。

第六，向驻江孜英军提供的粮豆，由色觉、彭德两谿卡的收入中支付，不足部分和所需柴火、牛粪、麦麸等由二总办负责收购。所得英币，如数缴公。所有收支明细账目，务于每年二月初五前例行来此结算。

第七，噶厦向商务总办和白居寺堪布强曲提供的经费结算日期从今年四月一日算起。凡上述各项事务的办理以及所拨经费的盈亏等，一概由商总和堪布承担，不得借故向噶厦卸责。

第八，鉴于驻江孜英军官兵购买日常必需品时，起初系他们自行差遣雇员办理的，使百姓受害很深，并超过了市场之规定，违背了双方协议。故将英人所需之物品，改由噶厦负责供应。此情已在《火蛇年法令》中有所记载。总办和堪布是了解的，应予颁告才是。其宗旨是，不要违反藏英协议条例；另外要负责将其收入全部归公，并有所盈余。

第九，关于驻江孜英军所需物资之征购与支应，在情况没有发生变化之前，应贯彻上述原则。今后供应驻江孜英军之必需品，如不能保持现状，要增大供应量而我们难以筹措时，方可恢复《火蛇年法令》中的规定，由各支应户直接负担。

第十，关于支应驻孜英军所需物资一节，为了有利于官民双方，制订了上述试行条例，但切勿曲解原义，务不使《火蛇年法令》失效。藏英之间，应尽量增进友谊，对此《布告》，任何人不得有丝毫歪曲和诽谤之词。切切此布，希各凛遵。

水鸡年七月四日

（译者：宋晓嵇）

（三）各宗谿每年向驻江孜英军支应物资的有关文件之二

为了支应驻江孜英军所需之物资，噶厦在水龙年（1892）从扎西造币厂购置军械的款项中提取部分作为专款使用。依据《火蛇年法令》和《羊只清册》《补充指令》等文件规定，交由后藏地区各宗政府付诸实施。

噶厦用于支应驻江孜英军所需物资的专款，折合成实物为：母山羊 7500 只，母绵羊 7500 只，每年按四分之一的增长率计算。减去死亡的五分之二，按五分之三的实有数收取公羊。

负责支应工作的江孜商务总办堪穷绕钦旺秋、白居寺堪布仲强曲和色、彭二谿卡的溪本三人所列账单如下：

公山羊 1125 只，公绵羊 1125 只。

自铁兔年（1891）至水龙年（1892）二月二十七日止，实际支应驻江孜英军公山羊 104 只，公绵羊 167 只。所余公山羊 1021 只，公绵羊 958 只，由承担支应的各宗政府遵照上述文件之规定精神，每只公山羊按二两五钱藏银计算，共计藏银 2552 两 5 钱；每只公绵羊按三两五钱藏银计算，共计藏银 3353 两。以此向噶厦孜康勒空结算。

为了平衡支大于收的差额，以市场上三种价格中的中等价格为标准折算，每只公山羊价按藏银 60 两计，共合藏银 6240 两；每只公绵羊以 80 两计，共合藏银 13360 两，以上总计藏银 25505 两 5 钱。

为了便于计算，舍去 5 两 5 钱，以每年山绵羊的增长数除去上述总计金额，则每只羊的平均价提高 11 两 3 钱。提供实物的诸户，以上述市价折算自己所负担支应的部分。

现将 17 个宗、豁的清单开列于后：

日喀则宗：每年应缴山、绵羊 210 只，按平均价折算，应向噶厦交 2373 两。实缴绵羊 10 只，每只按市价 80 两计算，折藏银 800 两；公山羊 10 只，每只以市价 60 两计算，折藏银 600 两，尚欠噶厦 980 两 3 钱 5 分。

白朗宗：每年应缴繁殖绵羊 105 只，按平均价计算，应缴藏银 1186.5 两，实缴绵羊 4 只，每只以 80 两计，折藏银 320 两；公山羊 2 只，每只以 60 两计，折藏银 120 两，尚欠噶厦藏银 750 两 1 钱 7 分 5 厘。

旺丹豁：每年应缴繁殖山、绵羊 90 只，每只按平均价折算，应向噶厦交付藏银 1017 两。实缴绵羊 13 只，每只以 80 两计，折藏银 1040 两；公羊 9 只，折价 540 两，实缴后，退回余银 559 两 8 钱 4 分。

堆穷豁：每年应缴繁殖羊 90 只，按平均价折算，应向噶厦交付 1017 两。实缴绵羊 6 只，折藏银 480 两；公山羊 4 只，折藏银 240 两，尚欠 300 两 1 钱 5 分。

仁布宗：每年应缴繁殖羊 142.5 只，按平均价折算，应缴纳 1610 两 2 钱 5 分。实缴绵羊 12 只，折藏银 960 两；公山羊 12 只，折藏银 720 两。尚有结余，退回藏银 64 两 7 钱 5 分又四分之一。

定结宗：每年应缴繁殖羊 90 只，按平均价折算，应向噶厦交付 1017 两。实缴山羊 9 只，折藏银 540 两；公绵羊 10 只，折藏银 800 两。尚有盈余，退回藏银 319 两 8 钱 5 分。

拉布豁：每年应缴繁殖羊 75 只，按平均价折算，应向噶厦交付 847 两 5 钱。实缴绵羊 18 只，折藏银 1440 两。尚有盈余，退回藏银 589 两 8 钱 17 分 5 厘。

浪卡子宗：每年应缴繁殖羊 120 只，按平均价折算，应向噶厦交付 1356 两。实缴公绵羊 25 只，折藏银 2000 两。尚有盈余，退回藏银 639 两 8 钱。

林嘎豁：每年应缴繁殖羊 90 只，每只按平均价折算，应向噶厦交付 1017 两。实缴绵羊 15 只，折藏银 1200 两；公山羊 5 只，折藏银 300 两。尚有结余，退回藏银 479 两 8 钱 5 分。

仁泽豁：每年应缴繁殖羊 90 只，每只按平均价折算，应向噶厦交付 1017 两。实缴绵羊 8 只，折藏银 640 两，尚亏欠藏银 380 两；公山羊 18 只，折藏银 640 两，尚亏欠藏银 380 两 1 钱 5 分。

林嘎豁：每年应缴繁殖羊 75 只，每只按平均价折算，应向噶厦交付 847 两 5 钱。

加措豁：每年应缴繁殖羊 75 只，每只按平均价折算，应向噶厦交付 847 两 5 钱。实缴山羊 15 只，折藏银 900 两，尚有结余，退回藏银 569 两 8 钱 7 分 5 厘。

聂雅豁：每年应缴繁殖羊 90 只，每只按平均价折算，应向噶厦交付 1017 两。实缴公绵羊 6 只，折藏银 480 两。尚亏欠 540 两 1 钱 5 分。

扎寺拉章：每年应缴繁殖羊 562.5 只，每只按平均价折算，应向噶厦交付 6356 两 2 钱 5 分，实缴绵羊 9 只，折藏银 720 两。尚亏欠藏银 5655 两 4 钱 1 分。

江孜宗：每年应缴繁殖羊 240 只，每只按平均价折算，应向噶厦交付 2712 两，实缴绵羊 20 只，折藏银 1600 两。尚亏欠藏银 1120 两。

南木林宗：每年应缴纳繁殖羊 105 只，按平均价折银 1186 两 5 钱。实缴公绵羊 10 只。折藏银 800 两；公山羊 16 只，折银 960 两。尚有盈余，退回藏银 569 两 8 钱 7 分 5 厘。

以上账单，是在公众代表监督下结算的。

日喀则负责人：孜松、拉兴、贡嘎（章）

白朗宗公众代表：诺甘、查次（章）

堆穷豁负责人：行康、丹诺（章）

仁布宗负责人：彭朗、赤列（章）

浪卡子宗负责人：东热、普欧（章）

林嘎豁卡负责人：尼厦、聂巴、巴桑（章）

加措豁卡负责人：卡尔溪、占堆（章）

南木林宗负责人：白德、赤旺（章）

聂雅豁卡负责人：杂巴、达顿（章）

定结宗负责人：朗厦、次旺（章）

拉布豁卡公众代表：查溪、诺布（章）

扎什伦布寺公众代表：勒参、顿吉（章）

江孜公众代表：色囊、巴杰（章）

（译者：宋晓嵇）

五

中华人民共和国和印度共和国有关的协定、照会、公报

（一）中华人民共和国、印度共和国关于中国西藏地方和印度之间的通商和交通协定

（1954 年 4 月 29 日）

中华人民共和国中央人民政府和印度共和国政府为了促进中国西藏地方和印度之间的通商贸易和文化交流并便利两国人民互相朝圣和往来起见，双方同意基于（一）互相尊重领土主权、（二）互不侵犯、（三）互不干涉内政、（四）平等互惠、（五）和平共处的原则，缔结本协定，并各派全权代表如左：

中华人民共和国中央人民政府特派中央人民政府外交部副部长章汉夫；

印度共和国政府特派印度驻中华人民共和国特命全权大使赖嘉文。

双方全权代表互相校阅全权证书，认为妥善后，议定下列各条：

第一条　缔约双方同意互设商务代理处：

一、印度政府同意中国政府得在新德里、加尔各答、噶伦堡三地设立商务代理处。

二、中国政府同意印度政府得在亚东、江孜、噶大克三地设立商务代理处。

双方商务代理处享有同等地位和同等待遇。双方商务代理在执行职务时享有不受逮捕之权；商务代理本人、依靠其生活的妻子及子女享有不受检查之权。

双方商务代理处并享有信使、邮袋和以密码通讯的权利及豁免。

第二条　缔约双方同意凡按习惯专门从事于中国西藏地方和印度之间的贸易的双方商人得在下列地点进行贸易：

一、中国政府同意指定（一）亚东、（二）江孜、（三）帕里为贸易市场。

印度政府同意按习惯得在印度，包括（一）噶伦堡、（二）西里古里、（三）加尔各答等地进行贸易。

二、中国政府同意指定（一）噶大克、（二）普兰宗（塔格拉各特）、（三）姜叶马加尔果、（四）姜叶马查克拉、（五）热姆惹、（六）董不惹、（七）波林三多、（八）那不拉、（九）尚格齐、（十）扎锡岗为贸易市场；印度政府同意将来由于中国西藏地方阿里地区与印度之间通商贸易的发展和需要而成为必要时，印度政府在平等互惠基础上准备在印度方面靠近中国西藏地方阿里地区的相应地区考虑指定贸易市场。

第三条　关于两国香客朝圣事宜，缔约双方同意按照下列各款的规定办理：

一、凡属印度的喇嘛教徒、印度教徒和佛教徒得按惯例往中国西藏地方的康仁波清（开拉斯山）和马法木错（玛那萨罗瓦湖）朝拜。

二、凡属中国西藏地方的喇嘛教徒和佛教徒得按惯例往印度的贝纳拉斯、鹿野苑、加雅和桑吉四地朝拜。

三、凡按惯例往拉萨朝拜者，仍依照习惯办理之。

第四条　双方商人和香客经由下列山口和道路来往：

（一）什布奇山口、（二）玛那山口、（三）尼提山口、（四）昆里宾里山口、（五）达玛山口、（六）里普列克山口。同时沿桑格藏布河（印度河）的河谷到扎锡岗的习惯道路，仍可按以往习惯来往。

第五条　关于往来过境事宜，缔约双方同意两国外交人员、公务人员以及两国国民往来过境，除本条第一款、第二款、第三款、第四款另有规定者外，均应持有本国护照并经对方签证。

一、凡按习惯专门从事于中国西藏地方和印度之间的贸易的双方商人、依靠其生活的妻子及子女以及随从人员，仍按习惯在出示本国地方政府或其授权机关发给之证明书并经对方边境检查站查验后，得进入印度和中国西藏地方进行贸易。

二、两国边境地区居民，凡因进行小额贸易或探望亲友而互相过境往来，仍按以往习惯前往对方边境地区而不限于经过前述第四条所指定的山口和道路，并无需护照、签证或许可证。

三、由于运输需要而互相过境往来的背夫和骡夫，只需持有本国地方政府或其授权机关发给之定期的证明书（三月、半年或一年为期限）并在对方检查站登记即可，无需持有本国护照。

四、双方香客均无需携带证明文件，但须在对方边境检查站登记并领取朝圣许可证。

五、虽有本条前述各款之规定，双方政府得拒绝个别人入境。

六、凡按本条前述各款进入对方国境者，在履行对方规定之手续后，始得在对方境内居留。

第六条　本协定自双方政府批准之日起生效，其有效期为八年。本协定期满前六个月，如一方提出延长本协定之要求并得另一方同意后，得由双方谈判延长本协定事宜。

一九五四年四月二十九日订于北京，共两份，每份均以中文、印地文和英文书就，中、印、英三种文字的条文具有同等的效力。

中华人民共和国中央人民政府全权代表

章汉夫

印度共和国全权代表

赖嘉文

（二）印度共和国驻华特命全权大使赖嘉文致中华人民共和国外交部副部长章汉夫照会

（1954年4月29日）

外交部副部长先生阁下：

印度共和国政府代表团和中华人民共和国政府代表团关于中国西藏地方和印度之间的通商和交通协定的谈判，今日已愉快地结束了；在商谈的过程中，双方曾同意若干事项得以换文方式来规定。依照这一谅解，双方政府兹同意如下：

（一）印度政府愉快地将目前驻在中国西藏地方亚东和江孜两地的武装卫队，自本照会互换之日起六个月内完全撤退。为此中国政府将予以便利和协助。

（二）印度政府愉快地以合理的价格将其在中国西藏地方所经营的邮政、电报及电话等企业及其设备交给中国政府。具体办法在本照会互换之后，立即由印度驻华大使馆与中国外交部继续商谈规定之。

（三）印度政府愉快地以合理的价格将其在中国西藏地方的十二个驿站交给中国政府。具体办法在本照会互换之后，立即由印度驻华大使馆与中国外交部继续商谈规定之。中国政府同意继续将它们作为驿站。

（四）中国政府同意印度政府在中国西藏地方亚东和江孜的商务代理处院墙内的房屋得由印度政府保留之。印度政府并得继续向中国方面租用商务代理处院墙内的地皮。同时印度政府同意中国政府驻噶伦堡和加尔各答两地商务代理处得向印度方面租用地皮并建筑房屋，供其使用。中国政府对印度驻噶大克商务代理处自用的房屋问题，将尽可能给以协助。印度政府对中国驻新德里商务代理处自用的房屋问题亦将尽可能给以协助。

（五）印度政府愉快地将其在亚东的商务代理处院墙内所占用地皮以外曾经其使用或占用的地皮，一律交还中国政府。

如果印度政府在其退还上述曾经使用或占用的地皮上留有仓库房屋，以及印度商人在上述地皮上留有店铺仓库或房屋，以致仍有租用地皮之需要，中国政府同意按照该项仓库房屋或店铺本身所占用的及其有关的地皮，与印度政府或印度商人分别缔结租用地皮的契约。

（六）双方商务代理得按照当地政府的法律及规定接触涉及民事或刑事案件的本国侨民。

（七）双方商务代理及双方商人各得在当地雇用人员。

（八）印度在江孜和亚东两地的商务代理处附设之医院仍将为印度商务代理的人员之用。

（九）双方政府对于对方商人和香客的生命财产应加以保护。

（十）中国政府同意在从普兰宗（塔格拉各特）至康仁波清（开拉斯山）和马法木错（玛那萨罗瓦湖）的沿途尽可能地修建驿站以供香客之用；同时，印度政府同意将在印度境内提供一切可能的便利以供香客之用。

（十一）双方商人和香客得获有以正常和合理的价格雇用交通工具的便利。

（十二）双方的三个商务代理处均得终年执行职务。

（十三）双方商人按照当地规定均得在对方租用房屋和仓库。

（十四）双方商人在协定第二条所规定的地点得按照当地的规定进行正常交易。

（十五）双方商人的债务纠纷应按照当地的法律及规定处理。

我代表印度共和国政府同意本照会及您的复照即成为两国政府之间的协定，并自本照会互换之日起生效。

顺向外交部副部长先生阁下致最崇高的敬意

此照

中华人民共和国中央人民政府外交部副部长章汉夫先生阁下

印度共和国特命全权大使　赖嘉文

一九五四年四月二十九日于北京

（三）中华人民共和国外交部副部长章汉夫致印度共和国驻华特命全权大使赖嘉文的照会

（1954 年 4 月 29 日）

大使先生阁下：

我谨收到您一九五四年四月二十九日照会内开：

印度共和国政府代表团和中华人民共和国政府代表团关于中国西藏地方和印度之间的通商和交通协定的谈判，今日已愉快地结束了；在商谈的过程中，双方曾同意若干事项得以换文方式来规定。依照这一谅解，双方政府兹同意如下：

（一）印度政府愉快地将目前驻在中国西藏地方亚东和江孜两地的武装卫队，自本照会互换之日起六个月内完全撤退。为此中国政府将予以便利的协助。

（二）印度政府愉快地以合理的价格将其在中国西藏地方所经营的邮政、电报及电话等企业及其设备交给中国政府。具体办法在本照会互换之后，立即由印度驻华大使馆与中国外交部继续商谈规定之。

（三）印度政府愉快地以合理的价格将其在中国西藏地方的十二个驿站交给中国政府。具体办法在本照会互换之后，立即由印度驻华大使馆与中国外交部继续商谈规定之。中国政府同意继续将它们作为驿站。

（四）中国政府同意印度政府在中国西藏地方亚东和江孜的

商务代理处院墙内的房屋得由印度政府保留之。印度政府并得继续向中国方面租用商务代理处院墙内的地皮。同时印度政府同意中国政府驻噶伦堡和加尔各答两地商务代理处得向印度方面租用地皮并建筑房屋，供其使用。中国政府对印度驻噶大克商务代理处自用的房屋问题，将尽可能给以协助。印度政府对中国驻新德里商务代理处自用的房屋问题亦将尽可能给以协助。

（五）印度政府愉快地将其在亚东的商务代理处院墙内所占用地皮以外曾经其使用或占用的地皮，一律交还中国政府。

如果印度政府在其退还上述曾经使用或占用的地皮上留有仓库房屋，以及印度商人在上述地皮上留有店铺仓库或房屋，以致仍有租用地皮之需要，中国政府同意按照该项仓库房屋或店铺本身所占用的及其有关的地皮，与印度政府或印度商人分别缔结租用地皮的契约。

（六）双方商务代理得按照当地政府的法律及规定接触涉及民事或刑事案件的本国侨民。

（七）双方商务代理及双方商人各得在当地雇用人员。

（八）印度在江孜和亚东两地的商务代理处附设之医院仍将为印度商务代理处的人员之用。

（九）双方政府对于对方商人和香客的生命财产应加以保护。

（十）中国政府同意在从普兰宗（塔格拉各特）至康仁波清（开拉斯山）和马法木错（玛那萨罗瓦湖）的沿途尽可能地修建驿站以供香客之用；同时，印度政府同意将在印度境内提供一切可能的便利以供香客之用。

（十一）双方商人和香客得获有以正常和合理的价格雇用交通工具的便利。

（十二）双方的三个商务代理处均得终年执行职务。

（十三）双方商人按照当地规定均得在对方租用房屋和仓库。

（十四）双方商人在协定第二条所规定的地点得按照当地的规定进行正常交易。

（十五）双方商人的债务纠纷应按照当地的法律及规定处理。

等由，我代表中华人民共和国中央人民政府同意您的照会，您的照会及本复照即成为两国政府之间的协定，并自本照会互换之日起生效。

顺向大使先生致最崇高的敬意

此照

印度共和国特命全权大使赖嘉文先生阁下

中华人民共和国外交部副部长　章汉夫

一九五四年四月二十九日于北京

（四）中华人民共和国、印度共和国关于印度政府将其在中国西藏地方所经营的邮政、电报、电话等企业及其设备和驿站交给中国政府的公报

（1955 年 4 月 1 日）

按照一九五四年四月二十九日在北京签订“中华人民共和国、印度共和国关于中国西藏地方和印度之间的通商和交通协定”的同时，中华人民共和国外交部副部长章汉夫与印度共和国驻华特命全权大使赖嘉文所互换照会的第二项和第三项规定，中国外交部和印度驻华大使馆随后商谈的关于印度政府将其在中国西藏地方所经营的邮政、电报和电话等企业及其设备为了表示友好无偿地交给中国政府，并将其在中国西藏地方的十二个驿站及其设备以双方同意的价格交给中国政府等具体办法；中华人民共和国政府驻西藏代表外事帮办杨公素指派阴法唐先生，印度共和国驻拉萨总领事梅农指派蔡伯尔先生，共同清点上述邮政、电报、电话等企业及其设备和驿站及其设备，并对驿站设备进行估价等工作。双方官员自一九五四年十二月十日起，至一九五五年三月三日止，完成了清点和估价工作，并于一九五五年三月三日在江孜签订上述清点邮政、电报、电话等企业及其设备，驿站及其设备和商定驿站设备价格等总清单。

中华人民共和国和印度共和国同意自一九五五年四月一日起，印度政府将其过去在中国西藏地方所经营的邮政、电报、电话等企业及其设备，驿站及其设备交给中国政府所有。双方同意所有驿站及其设备的价格为印币三十一万六千八百二十八卢比，中国政府并于一九五五年三月三十一日将全部款项付清。

正式交接仪式于一九五五年四月一日在拉萨举行。

中华人民共和国政府驻西藏代表外事帮办杨公素代表中华人民共和国政府，印度驻拉萨总领事梅农代表印度共和国政府，在议定书上签字。

参加交接仪式的有中华人民共和国政府驻西藏代表张国华将军和西藏地方政府噶伦等。参加交接仪式的还有中国方面的负责清点工作的官员侯杰、晨阳、丁甲和印度方面负责清点工作的官员蔡伯尔等。

印度驻拉萨总领事馆官员也参加了交接仪式。

一九五五年四月一日

六

中印两国在中国西藏地方的关系在新基础上重新建立起来

（1954 年 4 月 30 日《人民日报》社论）

我国政府代表团和印度政府代表团在北京举行的关于中印两国在中国西藏地方的关系问题的谈判，业已顺利结束，并于 4 月 29 日签订了“中华人民共和国、印度共和国关于中国西藏地方和印度之间的通商和交通协定”，同时互换了照会。

中国和印度在中国西藏地方的关系的现存情况，是英国过去侵略中国的过程中所遗留下来的痕迹。对于这一切，印度政府是没有责任的。过去英国政府和旧中国政府基于不平等条约而产生的特权，由于中华人民共和国的成立，已不复存在了。因此，中华人民共和国和印度共和国在中国西藏地方的关系，就有必要通过协商在新的基础上建立起来。

中印两国代表团在这次谈判开始时，就一致同意在互相尊重领土主权、互不侵犯、互不干涉内政、平等互惠、和平共处的原则之下，就中印两国在中国西藏地方的关系问题进行谈判。双方在经过充分的协商之后，获致了协议并缔结了协定。从此，中印两国在中国西藏地方的关系在新的基础上重新建立起来了。中华人民共和国为了增进中印两国之间的友好关系，一贯本着善邻与和平相处的方针，努力发展两国之间的贸易和文化交往。这次中印谈判顺利达成协议，再一次证明中国人民对印度人民的深厚友谊和友好合作的愿望。

印度政府在这次谈判中愉快地将其驻在中国西藏地方亚东和江孜的武装卫队全部撤退，并愉快地将其在中国西藏地方的邮政、电报和电话等企业及其设备全部交给我国政府。印度政府这种尊重中国主权的措施是符合中印两国人民共同利益和传统友谊的。

中国和印度是两个毗邻的大国，许多世纪以来，我国西藏人民和印度人民之间，无论在经济生活、社会关系及交通来往等方面都有着传统的密切联系。比如双方商人间的贸易，边境地区双方居民来往、探望亲友和进行小额贸易，以及为便利贸易而专门从事运输的背夫、骡夫的过境往返等都很密切。这次协定和换文根据平等互惠原则把这些传统规定了一系列的合理的办法。这一切，不仅符合于双方人民生活的实际需要，而且为更进一步发展双方通商贸易提供了有利的条件。

我国政府正确地执行着宗教信仰自由的政策，因而是尊重西藏人民的宗教信仰和风俗习惯的。同时，对于习惯上到中国西藏地方朝圣的印度人民也愿予以便利。因此，关于双方香客朝圣事宜，在协定中也作了具体规定。

在中印谈判期间，帝国主义者曾一再散布谣言，说什么中印谈判是“穷年累月没有结果的谈判”，企图借此挑拨中印关系，破坏谈判。然而，事实证明，由于中印两国政府都抱着解决问题的诚意和友好协商的精神，双方顺利地达成了协议。帝国主义者还曾企图挑拨我国中央人民政府和西藏地方的关系。然而，事实证明，西藏地方政府热诚拥护我中央人民政府和印度政府间的谈判和所签订的协定。事实粉碎了帝国主义者的阴谋，使他们遭到失败。

中印谈判的成功和协定的签订，正如我国周恩来总理致尼赫鲁总理的贺电中所说的，不仅将进一步加强中印两国人民之间的友谊，并且充分证明，只要各国共同遵守互相尊重领土主权、互不侵犯、互不干涉内政、平等互惠、和平共处的原则，采取协商方式，国际间存在着的任何问题，都可获得合理的解决。

中国人民热烈祝贺中印谈判的顺利结束和协定的签订，并且深信中印两国政府和人民将共同努力，执行协定，使中印两国的邦交更加敦睦，中印两国人民的友谊更加发展。

图书在版编目（CIP）数据

西藏江孜：1904年抗英斗争的历史记忆 / 李国柱编．2版．北京：中国藏学出版社，2024. 9. -- ISBN 978-7-5211-0542-1

I. K257.240.6

中国国家版本馆 CIP 数据核字第 2024AE7240 号

西藏江孜：1904年抗英斗争的历史记忆

李国柱　编

责任编辑　徐华兰
封面设计　翟跃飞
出版发行　中国藏学出版社
社　　址　北京市朝阳区北四环东路 131 号
印　　刷　中国电影出版社印刷厂
开　　本　787 毫米 ×1092 毫米　1/16
印　　张　15.75
字　　数　182 千字
版　　次　2024 年 10 月第 2 版
印　　次　2024 年 10 月第 1 次印刷
书　　号　ISBN 978-7-5211-0542-1
定　　价　42.00 元

图书如有印装质量问题　请与本社发行部联系
E-mail: dfhw64892902@126.com　电话: 010-64892902